Gwendal Fossois

VOS VOISINS, VOS AMIS, VOTRE BOSS...
TOUS PSYCHOPATHES ?

APPRENDRE À IDENTIFIER LES PSYCHOPATHES
QUI VOUS ENTOURENT

Les Éditions de l'Opportun

Merci aux docteurs Paul Babiak et Philippe Batel, à Jonathan Crépeau, James Fallon, Mary Turner Thomson, Jennifer Waite et Athena Walker, pour leurs précieux enseignements et éclairages sur la question. Merci à ces anciens collègues que je ne citerai pas, mais qui se reconnaîtront. Merci également aux personnes avec lesquelles j'ai pu échanger et qui souhaitent rester anonymes, amis et connaissances. Merci enfin à mon éditeur et à son équipe de m'avoir offert l'opportunité d'écrire sur ce sujet, qui me tient à cœur.

SOMMAIRE

4. Un psychopathe au bureau

5. Votre rencard, ce psychopathe

6. Y a-t-il un psychopathe dans la famille ?

Psychopathie.

« État de déséquilibre psychologique caractérisé par des tendances asociales sans déficit intellectuel ni atteinte psychotique. »

Dictionnaire Larousse, 2021.

« Déséquilibre psychique caractérisé par une déficience du contrôle des émotions et des impulsions, l'incapacité d'adaptation au milieu menant à des conduites antisociales. »

Le Robert, 2021.

« Trouble de la personnalité caractérisé par l'impulsivité et des conduites antisociales. »

Reverso, 2021.

« Maladie mentale ; déficience constitutionnelle ou précocement installée du contrôle des émotions et des impulsions, avec insuffisance des mécanismes d'adaptation au milieu. »

Trésor de la Langue Française informatisé, 2021.

1 À 4 % DE LA POPULATION EST PSYCHOPATHE

Le terme « psychopathe » a toujours évoqué chez moi des visions d'horreur, celles du criminel sans morale qui jubile en tuant ses victimes, idéalement de manière sadique. J'avais tort. Pas complètement, mais en grande partie. Ma fibre journalistique s'est activée après avoir regardé *Extremely Wicked, Shockingly Evil and Vile*, le biopic sur Ted Bundy réalisé en 2019 par Joe Berlinger. Le film possède deux forces : la première est de parvenir à reconstituer le charisme du tueur en série, ce jeune homme séduisant, intelligent, doté d'une harangue parfaitement maîtrisée. Je savais qui était ce criminel terrifiant ; pourtant, tout au long du film, je ne pouvais m'empêcher d'éprouver une certaine fascination pour lui, sans savoir si elle était malsaine ou non.

La seconde qualité de ce film est d'avoir réussi à retranscrire toute l'ambiguïté de cet individu en nous replaçant dans le rôle d'Elizabeth Kloepfer, son épouse. Je me suis aperçu avec horreur que j'éprouvais moi-même des doutes sur la culpabilité du criminel, qu'il me fallait, pour y croire, entendre de la bouche même du personnage ce fameux « Oui, je l'ai fait, je suis coupable. » J'ai pensé, comme un paquet d'Américains à l'époque, qu'un homme comme celui-ci, beau, propre, cultivé, sensé, était incapable de tuer.

Seul un fou le pourrait. Et il n'était pas fou. Pas au sens où on l'entend.

Face à mes doutes, mon questionnement sur la justice, sur le bien et le mal, le moral et le légal, j'ai eu le besoin de pousser plus loin l'enquête. Si Ted Bundy n'était pas fou, qu'était-il donc ? Un tueur en série, un violeur récidiviste, un nécrophile, on le sait. Mais pourquoi ? Comment un homme qui n'est pas atteint de démence peut-il commettre ce type d'acte que nous qualifions d'« inhumain » ? Quel mécanisme se déroule dans le cerveau pour en arriver à de tels extrêmes ? Et surtout, comment s'en défendre ? Chacun d'entre nous serait transi de terreur à l'idée de blesser, voire de tuer un autre être humain. Comment Ted Bundy a-t-il pu vivre avec le poids de ces meurtres sur la conscience ?

J'ai commencé mon travail de journaliste en récoltant des informations, en cumulant des histoires – celles de criminels, mais pas seulement. Il ne m'a pas fallu beaucoup de temps pour déboucher sur ce mot. *Psychopathe*. Et ce qu'il recouvrait réellement. En poursuivant mon investigation, j'ai interrogé des spécialistes, comparé les récits de vie, consulté des ouvrages de psychiatres et psychologues, recoupé des faits divers. Je me suis rendu compte que j'avais déjà croisé la route de personnalités correspondant à la définition du psychopathe. La surprise était de taille. Plus encore en apprenant qu'entre 1 et 4 % de la population sont considérés comme tels[1].

J'ai regardé mon compte Facebook et j'ai ressenti comme une forme d'étouffement. Rendez-vous compte : parmi 100

1. Martha Stout, *The Sociopath Next Door*, Harmony Books, New York, 2006.

de vos connaissances, entre un et quatre sont mathématiquement des psychopathes. À l'échelle de la France, cela revient à dire qu'entre 670 000 et 2,5 millions de personnes le sont ! Par déduction, ce sont des gens que vous croisez peut-être chaque jour sans vous en douter.

Dans cet ouvrage, j'ai d'abord voulu partager ces découvertes, avec toute la mise à distance possible. Qu'est-ce qu'un véritable psychopathe ? Et comment lutter contre lui ? Mais au fil de l'écriture, j'ai senti que j'avais besoin d'aller plus loin, tant la définition de ce trouble est complexe, parfois insaisissable. J'ai ainsi rassemblé différents profils, autant de psychopathes que j'ai pu rencontrer sans en avoir conscience, d'autres que j'ai interviewés pour comprendre leur récit de vie, d'histoires que des victimes m'ont racontées, et de lectures diverses.

Devant mes yeux se sont dévoilés des personnages surprenants, bien éloignés de l'image que je pouvais en avoir initialement. Ce *psychopathe type* dont je tentais de dessiner les contours s'est imposé à moi avec toute sa complexité, et ce pour la simple raison qu'il n'existe pas. Chaque individu frappé par ce trouble possède une personnalité qui lui est propre, des aspirations personnelles, des convictions intimes ; nul ne ressemble à l'autre, de la même manière qu'un seul être humain ne peut être le représentant fidèle de tous ses pairs. Néanmoins, quelques éléments les rassemblent : leurs émotions, sans être inexistantes, sont plus mesurées que chez la plupart des gens. Cela signifie concrètement qu'ils parviennent naturellement à les maîtriser, jusqu'à n'en ressentir aucune dans certaines situations de crise – assister à la mort d'un être vivant, tromper ses proches, les manipuler selon leur bon vouloir. De là découle ce qu'on exprime par l'*absence de morale*, ou plutôt de conscience, car rien n'empêche un psychopathe de développer son propre code moral. Autrement dit, les normes que nous épousons en tant qu'êtres sociaux et qui nous semblent naturelles, ou tout au moins héritées en grande partie de la petite enfance, ne sont pas spontanées chez ces individus. D'où la terreur qu'ils inspirent à la plupart d'entre nous.

Les psychopathes de ce livre sont réels. Seules certaines mises en situation ont été adaptées pour une lecture fluide. Dans la plupart des cas, les noms ont été volontairement modifiés pour ne pas porter atteinte à l'intégrité de ces personnes. Mais les femmes et les hommes qui peuplent cet ouvrage sont des *mesdames et messieurs Tout-le-Monde* qui peuvent potentiellement vous nuire. Ces récits vous aideront à les identifier dans votre quotidien, sans jugement personnel, en restant le plus objectif possible. Ils vous dévoileront également une facette de l'humanité que nous imaginons difficilement : des personnes sans scrupules, qui peuvent aller très loin dans leur quête du pouvoir. Vous êtes prévenu.

1

Le psychopathe n'est jamais celui qu'on croit

Son grand sourire sincère est la première chose qui attire votre attention. Puis, vous observez son regard doux, son visage angélique, ses traits parfaits, ses cheveux joliment coiffés, mais de façon simple. Ses gestes sont assurés, tout comme sa voix qui a une étrange tendance à vous rassurer. Ou, en tout cas, à vous réchauffer. Est-ce cela, le charisme ? Un curieux mélange de bienveillance et de délicatesse ? Ses yeux se tournent alors vers vous, et une palette d'émotions vous assaillit, vous traverse. Tout s'emballe en vous, provoque un attachement, qui puise dans un *moi* insaisissable, l'*inconscient,* le vrai, celui qui vous transporte dans votre enfance, détourne votre éducation, renverse vos expériences, vos apprentissages. Ça y est, vous êtes séduit.

L'homme esquisse un nouveau sourire. Il est entré dans votre vie. Qu'il soit votre conjoint, votre ami, un collègue, une célébrité, un être humain croisé au hasard de votre vie, ce séducteur force l'admiration. Est-il une utopie, un rêve éveillé, un personnage de fiction ? Non, il existe. Vous pouvez le toucher, lui parler, faire l'amour avec, être dans ses bras, faire une promenade en lui tenant la main, trinquer dans un bar, partager une part de gâteau, aller voir un film, une pièce de théâtre, un opéra, vous enfuir en vacances, partager le loyer, lui glisser la bague au doigt. Et pourtant…

Le masque joliment dessiné

Derrière les touches raffinées, sous ses traits peints avec délicatesse, dans ses gestes merveilleux et son attention magique, s'érige un être que vous n'imagineriez pas. La véritable teneur de ses émotions vous stupéfierait. Son goût du jeu et du risque vous dérouterait. Son sens moral, ou plutôt son absence de sens moral, vous rendrait complètement abasourdi. L'éthique ? Il s'en passe. Les règles ? Il les emploie quand cela lui est utile. Et votre histoire avec lui, d'une semaine, cinq mois, dix ans, ou toute une vie ? Un merveilleux jeu de rôle, dénué d'émotions, ou plutôt dénué d'amour, et rythmé seulement par le bon vouloir d'un puissant manipulateur. Un jeu d'échec, peut-être, où vous n'êtes qu'une pièce – une Dame, un Fou, peu importe. Vous avez joué sa partie, au détriment de la transparence, de la sincérité qui fonde – vous l'espériez, en tout cas – toute la beauté de l'humanité.

Cet homme, c'est Dexter, notre bien-aimé *serial killer* californien qui dépèce les criminels. C'est Joe, dans la série *You*, le gentleman un peu introverti, mais prêt à tout (et même au pire !) pour être aimé. C'est aussi, dans une moindre mesure, Sheldon Cooper de *The Big Bang Theory*. Ou encore la jeune Mercredi de *La Famille Adams*. Ou M. Burns dans *Les Simpson*. Pourtant, on les adore. Mais ces personnages à la biographie soignée ne sont parfois pas si éloignés de la réalité. Des tueurs en série à la gueule d'ange, *a priori* indétectables, il y en a eu des tas : Charles Manson, Mary Bell, Ted Bundy... et même Hitler, s'il n'était pas associé à l'inhumanité la plus extrême (les crimes contre l'humanité), pourrait être caractérisé par son faciès clownesque, voire sympathique.

Le psychopathe n'a pas un profil qui lui colle à la peau. Il ne se maquillera jamais comme le Joker de *Batman*, il ne se montrera pas terrifiant aux yeux de tous comme Hannibal Lecter. Ce n'est pas John Kramer dans *Saw*. Ces personnages, qui montrent des traits de psychopathes, ne sont que des figures hollywoodiennes, exagérées, constituées de toutes pièces pour satisfaire les aspirations du cinéphile amateur d'hémoglobine. Il est, au contraire, une personne qui ressemble à vous et moi, mais qui s'avère être un manipulateur sans émotion. Il travaille dans les hôpitaux, comme Miss Ratched, l'infirmière de *Vol au-dessus d'un nid de coucou*. Il peut même être un politicien réputé, tels Claire et Francis J. Underwood de *House of Cards*. C'est peut-être votre boss, votre collègue, votre client. Un ami, un parent, votre conjoint, et même votre enfant. Ce peut être n'importe qui dans votre entourage. Il vous ressemble, paraît doux, sympathique, en tout cas très humain. Pourtant, derrière la façade se dissimule un être froid, sans compassion, sans culpabilité, qui méprise les règles sociales et la loi. C'est une personne dénuée de *conscience*.

Un psychopathe, c'est quoi ?

Le psychopathe est, selon la Haute Autorité de Santé, une personne souffrant d'un « trouble de la personnalité habituellement repéré en raison de l'écart considérable qui existe entre le comportement et les normes sociales établies[2] ». Qu'est-ce que cela signifie ? Ses comportements sont en décalage complet avec les nôtres. Il se caractérise, selon la psychologue américaine Martha Stout, par « l'absence totale de conscience. Ils peuvent être votre collègue, votre voisin, et même quelqu'un de votre famille. Et ils peuvent faire absolument n'importe quoi sans ressentir de culpabilité, de honte ou de remords[3]. » On l'associe fréquemment aux

2. Définition avancée sur has-sante.fr, mis en ligne en 2006 (consulté en août 2020).

3. Martha Stout, *op. cit.* (traduction de l'auteur).

sociopathes ou aux personnalités antisociales, dont les limites et les définitions strictes sont encore assez floues aujourd'hui.

1 à 4 % de la population est atteinte de ce trouble. Mais là encore, les chiffres varient en fonction des études. Ces femmes et ces hommes privilégieraient des postes à responsabilité (chef d'entreprise, politicien, cadre...) ; on considère par exemple qu'un dirigeant sur 25 serait un psychopathe.

La question du politique n'est évidemment pas en reste. L'Histoire – jusqu'à l'Histoire immédiate – a prouvé que certains responsables étaient psychotiques, ou tout au moins pouvons-nous le supposer. « Un homme instable, président des îles Maldives, est, quoiqu'il survienne, moins dangereux qu'un chef de la Maison-Blanche incohérent, explique le journaliste français Jean-Luc Hees. Ils ont cependant un point commun : ils sont "dérangés". Et le monde les tolère. On s'accommode de leur exubérante folie. On craint d'affronter leurs excès. Les caractéristiques de leurs personnalités trouvent différentes traductions mais, au bout du compte, selon les pays, selon les régimes, selon l'histoire, des hommes dirigent d'autres hommes, nuisent à leur avenir, à leur bien-être, à leur vie, sous le regard effaré et souvent trop passif d'une planète qui n'a jamais été aussi bien informée de leurs agissements. [...] Leur confusion mentale marque aujourd'hui le fonctionnement de pays hautement civilisés, et leur déséquilibre nous concerne tous[4]. »

4. Jean-Luc Hees, *Ces psychopathes qui nous gouvernent*, Plon, Paris, 2018.

Reconnaître un psychopathe

Il n'existe pas, à ce jour, de consensus sur la définition du psychopathe. De nombreux chercheurs se sont attelés au projet. Le psychiatre canadien Robert Hare appartient à ces figures d'autorité. Il a étudié les cas de plusieurs détenus et a développé la *Psychopathy Checklist-Revised* (PCL-R), un ensemble de 20 règles permettant d'identifier des personnalités antisociales. Ce sont les suivantes[5] :

☑ 1. Loquacité et charme superficiel
☑ 2. Surestimation de soi
☑ 3. Besoin de stimulation et propension à l'ennui
☑ 4. Tendance au mensonge pathologique
☑ 5. Duperie et manipulation
☑ 6. Absence de remords ou de culpabilité
☑ 7. Affect superficiel
☑ 8. Insensibilité et absence d'empathie
☑ 9. Parasitisme
☑ 10. Faible maîtrise de soi
☑ 11. Promiscuité sexuelle
☑ 12. Problèmes de comportement précoces
☑ 13. Absence d'objectifs réalistes à long terme
☑ 14. Impulsivité
☑ 15. Irresponsabilité
☑ 16. Incapacité à accepter la responsabilité de ses actes
☑ 17. Nombreuses liaisons à court terme
☑ 18. Délinquance juvénile

5. Ces règles sont citées dans Jon Ronson, *Êtes-vous psychopathe ?*, trad. Fabrice Pointeau, Sonatine Éditions, Paris, 2017 (2011 pour l'édition originale).

☑ **19. Violation de la liberté conditionnelle**
☑ **20. Diversité des types de délits commis**

Ces critères ont cependant été remis en question par nombre de spécialistes, notamment en France. La Haute Autorité de Santé met en garde sur l'utilisation de ce système, dont la grille peut paraître imprécise, et fut, en outre, validée strictement dans le milieu carcéral. Mais elle est à ce jour la plus utilisée, ou tout au moins la plus connue. C'est celle que nous emploierons dans la suite de cet ouvrage pour caractériser les comportements des profils identifiés.

Évacuons d'emblée une question en droit de nous tarauder : non, les psychopathes ne sont pas d'office des criminels. Nous pouvons seulement constater, à l'analyse des traits mis en exergue par Robert Hare, qu'ils peuvent avoir une prédisposition au crime qui repose sur leur gestion parfois complexe de leurs émotions. Disons-le autrement : pour un tueur en série, ne pas ressentir d'émotions devant ses victimes est un avantage, mais, à l'inverse, une personne sans empathie n'est pas nécessairement un tueur en série.

Pour autant, cette gestion des émotions peut mener ces individus à prendre part à des actes que la plupart des gens n'imaginent pas : manipuler ses collègues ou ses proches quotidiennement, mentir de manière pathologique pour obtenir ce que l'on veut, avoir des liaisons ou des conjoints multiples pour en tirer un profit quelconque, menacer et avoir la mainmise sur des personnes plus faibles, ou fragiles...

De nombreux spécialistes se sont également penchés sur la question « Peut-on guérir un psychopathe ? », sans réel succès à ce jour. L'une des raisons en est simple : ce trouble est encore fondamentalement méconnu. À peine sommes-nous aujourd'hui parvenus à comprendre une partie des rouages du cerveau des individus concernés. La psychopathie puiserait ses origines dans un dysfonctionnement naturel (celui de l'amygdale, un organe qui nous permet de décoder les émotions), mais aussi dans un rapport aliéné à la société, reposant notamment sur l'éducation et l'influence culturelle. En d'autres termes, chacun de nous peut potentiellement être caractérisé comme psychopathe. Et c'est bien là toute la difficulté de la mission.

Nous possédons tous des zones d'ombre, des traits correspondant à la définition de ce trouble. Qui n'a jamais manipulé l'un de ses semblables ? Qui n'a jamais été impulsif ou irresponsable ? Quant à la question de la promiscuité sexuelle et du cumul de liaisons à court terme, elle pourrait bien concerner un grand nombre de personnes qui ne sont pourtant pas touchées par ce trouble. Nous sommes tous en droit de nous questionner sur notre propension à être dans la norme ou à en sortir. Cela ne fait pourtant pas nécessairement de nous des psychopathes. C'est le cumul, et surtout la récurrence de ces traits, qui démontrent un penchant pour la psychopathie.

Faut-il s'en protéger ?

En tapant « psychopathe » dans la barre de recherche Google, nous accédons à un ensemble très riche de contenus particulièrement diversifiés : qu'est-ce qu'un psychopathe ? Comment le reconnaître ? Peut-on le guérir ?

Quelle prise en charge ? Qu'en est-il des criminels ? Les papiers scientifiques se mêlent étroitement aux articles de journalistes, de blogueurs, ou carrément d'internautes exaltés par l'imaginaire hollywoodien, lui-même fasciné par des figures monstrueuses à la Hannibal Lecter. La réalité est bien moins manichéenne. Et à la question « Faut-il se protéger d'un psychopathe ? », il ne peut y avoir une seule réponse.

Kevin Dutton, psychologue britannique, a retourné la question : et si les psychopathes, au fond, avaient quelque chose à nous apprendre sur nous-mêmes ? Et si leurs comportements, au lieu d'être considérés comme terrifiants ou amoraux, pouvaient nous servir de modèle au quotidien ? Il propose d'observer ce trouble comme « un état altéré de la conscience qui se nourrit de précision et de clarté plutôt que de flou et d'incohérence[6] ». En d'autres termes, libéré de ses émotions et de son code moral, qui peuvent être considérés comme des handicaps, l'être humain aurait la capacité de s'élever plus aisément.

Poursuivons la logique : sans empathie, sans peur, avec un détachement froid, imaginez ce que vous pourriez faire. Peut-être occuperiez-vous un statut plus élevé au travail. Peut-être seriez-vous plus épanoui, débarrassé de vos angoisses, de votre timidité. Peut-être seriez-vous un autre individu, avec de multiples qualités. Qui serait en droit de vous accuser d'exister ?

Athena Walker fait office de modèle sur ce point, ou tout au moins son existence sur la Toile nous pousse à nous

6. Kevin Dutton, *La Sagesse du psychopathe*, Larousse, Paris, 2015.

interroger sur la terreur qu'est supposée nous inspirer le profil lambda du psychopathe.

Cette femme s'est fait remarquer dès 2014 sur *Quora*, une plateforme américaine visant le partage de connaissances. Au fil des années, elle est devenue une véritable personnalité sur le forum, une sorte de référence qui intrigue nombre d'internautes, au point d'être remarquée en 2017 par Jeremy Vine, journaliste britannique de la *BBC*. Elle se déclare ouvertement psychopathe, diagnostiquée par un spécialiste, atteinte de ce trouble « largement méconnu et diabolisé en raison de plusieurs facteurs[7] » : les médias, mais également les avancées des scientifiques sur la question, qu'elle juge faussées par la petitesse de la population étudiée (à savoir la population carcérale américaine).

« Nous manquons d'empathie, nous manquons de peur, de tristesse, d'anxiété, de remords, nous manquons de beaucoup de choses qui vous amènent, comme un code en sourdine, à vous comporter avec vos contemporains et le monde en général. Au lieu de cela, il nous faut apprendre, ou comprendre par nous-mêmes. [...] C'est comme essayer de comprendre un film étranger sans sous-titres et sans connaître le contexte. Nous commençons seulement à imiter et, en vieillissant, nos compétences se renforcent et nous devenons meilleurs. [...] Nous devons développer une empathie cognitive[8] qui deviendra un guide dans nos interactions. Durant ce processus, la manière dont nous sommes guidés

---

7. Athena Walker, "*I Am A Psychopath*", talkspace.com (consulté en décembre 2020), (traduction de l'auteur).

8. Par opposition à *l'empathie émotionnelle*, naturelle, *l'empathie cognitive* pourrait être considérée comme un apprentissage des codes de l'empathie.

fait une grande différence dans la façon dont nous allons évoluer, mais ça ne changera jamais le développement de notre cerveau[9]. »

Sur le web, Athena travaille à faire changer le regard des gens sur ce trouble. Exit les psychopathes hollywoodiens, exit l'imaginaire fécond du grand assassin terrifiant. Pour elle, les différents critères de la psychopathie doivent être abordés d'une manière différente de Robert Hare :

- ☑ **caractère impitoyable ;**
- ☑ **intrépidité ;**
- ☑ **impulsivité ;**
- ☑ **confiance en soi ;**
- ☑ **concentration ;**
- ☑ **calme, même sous pression ;**
- ☑ **force mentale ;**
- ☑ **charme ;**
- ☑ **charisme ;**
- ☑ **faible empathie ;**
- ☑ **faible conscience.**

« Ces traits, explique-t-elle[10], ont été mis au jour par Kevin Dutton, un expert en psychopathie, et ils se basent sur une analyse psychologique interne, par opposition à Robert Hare qui a uniquement observé un ensemble de comportements d'un point de vue extérieur. Je ne sais pas si je peux réellement évaluer lesquels sont les plus forts en moi. Bien que j'aie travaillé assez dur pour surmonter l'impulsivité, j'échoue

9. Interview réalisée en janvier 2021 (traduction de l'auteur).
10. *Ibid.*

souvent sur ce point. Je travaille pour avoir de l'empathie cognitive, mais cela ne va pas plus loin que ma compréhension des neurotypiques[11], et je ne suis pas une experte. Je peux être impitoyable de manière vicieuse mais, là encore, cela doit être au service de quelque chose que je suis encline à obtenir. Très peu de choses s'inscrivent à cette échelle. »

Dans ce cas, comment définir les limites de l'empathie ? Existent-elles seulement ? Peut-on vraiment se mettre à la place de l'autre ? Et si tout cela était artificiel ? « Il y a plein d'histoires concernant mon manque d'empathie et mon caractère impitoyable [...]. On pourrait retrouver cela dans mon absence de réaction quand ma sœur s'est suicidée. On pourrait l'identifier dans mon désir de remplacer les animaux juste après leur mort. Je ne me lie pas et je n'ai pas d'empathie. Mais cela ne signifie pas que je ne m'investis pas quand les animaux sont encore vivants, ou qu'ils ne sont pas importants pour moi. Je ne me lamente juste pas comme les gens ont tendance à le faire. Concernant ma sœur, nous n'étions pas proches, de toute façon ; c'était comme si je haussais les épaules, une réaction du type : "bon, ça y est, c'est fini". »

À la question « Existe-t-il de bons ou de gentils psychopathes ? », Athena Walker lèverait peut-être les yeux au ciel. « Je pense que nous devrions arrêter d'identifier les psychopathes criminels comme étant la norme et commencer à reconnaître que la grande majorité ne l'est pas. [...] Ce sont

11. Ce terme est utilisé en particulier pour identifier les personnes sans différence neurologique, correspondant concrètement aux individus qui ne présentent pas de troubles d'apprentissage, d'attention et liés à l'autisme. Dans ce cas spécifique, Athena Walker évoque les personnes non psychopathes.

eux qui se comportent différemment. Les autres veulent juste vivre leur vie[12]. »

À l'inverse, certains spécialistes de santé sauteraient quant à eux au plafond. Pour Martha Stout, ces personnes doivent clairement être évitées par les autres 96-99 % de la population. Elle propose un ensemble de 13 règles à suivre pour apprendre à réagir au mieux[13] :

☑ 1. Acceptez d'entrée de jeu que certaines personnes soient complètement dénuées de conscience.

☑ 2. Privilégiez vos instincts.

☑ 3. Si vous entamez une nouvelle relation, appliquez la « règle de trois » : trois mensonges indiquent que la personne en face de vous est un menteur invétéré.

☑ 4. N'obéissez jamais aux exigences de quelqu'un sans questionner son autorité en premier lieu.

☑ 5. Méfiez-vous des flatteries.

☑ 6. Interrogez-vous sur la notion de respect.

☑ 7. N'entrez jamais dans le jeu d'un psychopathe.

☑ 8. Évitez autant que possible toute forme de contact avec lui.

☑ 9. Interrogez le sentiment de pitié qu'il vous inspire.

☑ 10. Ne tentez pas de l'aider à être ce qu'il n'est pas.

☑ 11. N'acceptez pas de l'aider à dissimuler sa vraie personnalité.

---

12. Athena Walker, "*What do you think of the concept of a prosocial psychopath ? Do you think the concept exists ? What is the research supporting it and against it.*", quora.com, 2017 (consulté en janvier 2021).

13. Martha Stout, *op. cit.*

☑ **12. Défendez ce que vous êtes, votre conscience et votre humanité.**

☑ **13. Vivre heureux est la meilleure revanche.**

Si ces quelques règles peuvent vous aider au quotidien, elles sont néanmoins réductrices et pas toujours adaptées. Comment réagir si vous découvrez après plusieurs années que votre conjoint est un psychopathe ? Ou votre enfant ? Ou encore votre boss ? Comment se sortir d'une situation compliquée quand vous êtes vous-même impliqué dans cette relation nauséabonde ? Et qu'en est-il des psychopathes qui ne vous veulent pas de mal, qui se sont adaptés socialement, qui ont développé leur propre code moral ?

Ces personnes sont celles que vous pouvez croiser chaque jour, dans n'importe quel endroit – autant de réalités qui nous font observer notre environnement avec un certain cynisme, ou tout au moins une méfiance accrue. Car, dans le fond, qui dit que vous n'êtes pas vous-même un psychopathe qui s'ignore ?

2

Ces (gentils ?) psychopathes qui vous entourent

PROFIL N° 1

Le vrai-faux psychopathe

Diagnostic – Checklist-Revised

Quels sont les traits principaux de ce psychopathe ?

- ☑ Absence de remords ou de culpabilité
- ☑ Affect superficiel
- ☑ Insensibilité et absence d'empathie
- ☑ Faible maîtrise de soi
- ☑ Impulsivité
- ☑ Problèmes de comportement précoces

卌 卌 卌

VOTRE VOISIN EST (PROBABLEMENT) UN PSYCHOPATHE

Imaginez. Imaginez cet homme que vous croisez dans le métro. Il est propre sur lui, porte un costume deux-pièces plutôt élégant, une chemise au col entrouvert. Il n'est pas merveilleusement coiffé, sa coupe est des plus classiques. Il est paisiblement agrippé à la barre de métal, ne bouge pas, n'a pas le nez sur son smartphone, ne porte pas d'écouteurs ou de casque. Il a un petit embonpoint, une barbe épaisse, mais pas très longue, poils et cheveux grisonnants. C'est un homme sans histoire, penseriez-vous, un type absorbé entièrement dans son cycle « métro-boulot-dodo », un gars qui se rend au bureau chaque matin, à la même heure, depuis des années, et qui continuera sans doute à le faire jusqu'à sa retraite. Il observe les autres voyageurs avec un regard placide, peu intéressé, peut-être froid. Vous mettriez sans doute cette expression sur le compte de la fatigue matinale, ou de la lassitude de la répétition. Vous auriez peut-être raison. Ou pas.

Imaginez que ce type ait une vie de famille heureuse, un emploi stable, qu'il ait reçu une éducation catholique, qu'il ait toujours poursuivi l'objectif d'être quelqu'un de bien et de ne pas faire de mal à ses congénères. Imaginez également qu'il ait dans son entourage un important groupe d'amis, dont quelques-uns très proches, des parents aimants, une épouse avec laquelle il a une relation fusionnelle, des enfants qui le considèrent comme leur héros.

Penseriez-vous que cet homme pourrait être un psychopathe ? Probablement pas. Et c'est pourtant le cas.

Ce monsieur Tout-le-Monde, c'est James Fallon, un chercheur et enseignant américain qui, en 2013, exalte la curiosité de nombreux journalistes, chercheurs, organisateurs de conférences[14]. Et il y a de quoi ! Ce neuroscientifique fait une découverte extraordinaire au moment de comparer les cerveaux de quelques tueurs en série : lui-même possède les caractéristiques neurologiques d'un psychopathe ! C'est une surprise, d'autant que le scientifique n'a jamais été *en dehors des clous*. Il n'a jamais tué. Il n'a jamais laissé un être humain en sang sur la chaussée. Il n'a jamais violé. Et il se perçoit comme quelqu'un de plutôt avenant et sympathique. Mais les résultats sont nets : James Fallon *est* un psychopathe. D'un point de vue strictement scientifique, en tout cas.

Revenons en arrière. James naît en 1947 dans l'État de New York. Il grandit paisiblement, avec des parents qui l'entourent, de manière *normale* – entendons *dans les normes* –, comme n'importe quel autre gamin, à la différence peut-être qu'il acquiert très tôt un ensemble de règles morales transmises par son éducation catholique. Il développe un attrait

14. Ce récit a été développé en croisant une interview réalisée auprès de James Fallon en novembre 2020, divers articles de presse et publications sur le web, ainsi que le livre publié par James Fallon lui-même : *The Psychopath Inside. A Neuroscientist's Personal Journey into the Dark Side of the Brain*, Penguin Group, New York, 2013.

pour une forme de *perfection morale* ; même mentir est, pour lui, inimaginable.

James est un garçon jovial, sympathique, toujours prêt à faire les 400 coups dans les limites de la légalité et de la moralité. Il a des relations amicales solides, et sa vie lui convient tout à fait. Alors qu'il est encore étudiant, il rencontre une femme, Diane, en 1960, dont il tombe follement amoureux et, dix ans plus tard, il se réjouit de la naissance de leur premier enfant.

Il poursuit entre-temps ses études le plus sérieusement possible, entreprend des formations en psychologie et psychophysique, ainsi qu'en neuroanatomie et neurophysiologie. Ses recherches l'amènent à devenir un scientifique respecté par ses pairs et il se fait un nom dans son domaine d'expertise. Il est ainsi à l'origine de quelques percées scientifiques significatives. Il découvre en étudiant le cerveau d'un meurtrier qu'un dysfonctionnement de l'amygdale, notamment, pourrait être à l'origine d'un important trouble du comportement, celui du psychopathe : ce noyau du cerveau a en effet un rôle fondamental dans la gestion de nos émotions et dans les réponses comportementales de l'ensemble de ce système.

Il entreprend en parallèle des recherches sur la maladie de l'Alzheimer et intègre dans son matériel les scans des cerveaux de certains membres de sa famille. Il comprend alors que le sien est comparable à ceux des meurtriers analysés. Une erreur ? Il vérifie une nouvelle fois. Un indice montrant que sa théorie est erronée ? Pour le démontrer, il pousse la recherche plus loin : il entreprend des tests génétiques et découvre avec surprise qu'il possède des allèles spécifiques liés à l'absence d'empathie et à l'agressivité, dont le gène MAOA, associé à des comportements antisociaux et d'extrême violence. Le couperet tombe. À plus de 60 ans, James ne peut déboucher que sur cette explication logique : il est un psychopathe, cliniquement parlant.

« Je n'ai jamais laissé mes enfants gagner aux jeux. »

Il repense alors à sa vie, interroge ses proches, et l'étonnement se poursuit : son entourage n'est pas surpris par cette approche, et lui-même se rend compte que ses émotions ne sont pas aussi *normales* qu'il le pensait jusqu'alors. Pire encore : en plongeant dans des archives de famille, il comprend que l'histoire d'une partie de sa lignée (remontant jusqu'au clan Cornell) est marquée par un nombre important de meurtriers présumés ou coupables.

Descendant d'une dynastie de meurtriers ? James est pourtant le voisin parfait, souriant, sympathique, l'homme apparemment le plus lambda que vous puissiez rencontrer. Cette découverte le pousse néanmoins à questionner ses propres comportements passés – ceux qu'il pourrait, avec le recul, identifier comme émanant d'un psychopathe.

Il s'aperçoit que le manque d'empathie est en effet un problème. Son rapport émotionnel n'est pas dans la norme, et ce jusque dans sa relation avec son épouse.

> « La vérité, c'est que je dis "j'aime", mais je ne me suis jamais senti pleinement connecté à Diane sur le plan émotionnel. Mon lien avec elle n'existe que partiellement, car je n'ai pas de connexion empathique. Je ne l'ai jamais comprise. Elle était

fascinante pour moi, et l'est encore. Nous avons des objectifs et des valeurs communs — la famille, le libertarisme, l'agnosticisme —, donc une vision commune, mais je l'ai toujours perçue un peu comme une extraterrestre. Heureusement, cela a toujours été plus que suffisant pour moi[15]. »

James comprend que son regard sur ses rapports à sa famille était jusqu'alors biaisé par la méconnaissance de son trouble.

« Je ne me suis jamais senti connecté à mes enfants, et ce jusqu'à ce qu'ils soient assez grands pour répondre comme de vrais êtres humains, quand ils sont devenus adultes. Avant cela, ils étaient comme des poupées pour moi. [...] Aujourd'hui, j'aime mes enfants comme s'ils étaient des amis. J'ai un grand respect pour eux, mais j'oublie presque que ce sont mes enfants[16]. »

S'il n'a jamais été directement violent avec qui que ce soit, James sait néanmoins qu'il manque profondément d'empathie ; il n'éprouve pas les émotions habituelles d'un être humain devant un cadavre (peur, stress, dégoût...), mais est plus intéressé par la manière dont la personne est morte. Son propre rapport à la douleur est lui aussi aliéné.

« Quand j'étais à l'université, j'ai transpercé une vitre en verre avec mon bras, et je me suis entaillé du poignet jusqu'au coude. J'ai regardé tranquillement les tendons, avec le regard d'un spécialiste en anatomie[17]. »

15. James Fallon, *The Psychopath Inside*, *op. cit.* (traduction de l'auteur).
16. *Ibid.*
17. *Ibid.*

James reconnaît une tendance forte à la manipulation, et qu'il supporte difficilement de ne pas être le meilleur dans ce qu'il entreprend, par exemple dans le jeu, et ce, quitte à intervenir pour handicaper son adversaire. C'est le cas dans le cercle familial : le scientifique affirme, par exemple, ne jamais avoir laissé gagner ses enfants au Scrabble.

> « Imaginez un parent qui fait de l'athlétisme ou joue à des jeux de société avec ses enfants et ses petits-enfants depuis l'âge de 2 ans jusqu'à l'âge adulte (et sa femme, ses frères et sœurs, *etc.*), et ce durant toute sa vie. Il ne les laisse jamais gagner, jamais. Je me suis dit que je leur apprenais juste à gagner, à être durs, à garder la tête haute. Mais je ne laisserai jamais personne me battre à quoi que ce soit[18]. »

À la suite de ces annonces, le scientifique a publié sa biographie et a connu une grande renommée, qu'il doit en partie à la médiatisation de son histoire. Il a été interrogé par de nombreux journaux, notamment par *The Guardian*. Il a été invité à participer à un grand nombre d'interventions pour relater sa découverte et son expérience. Il poursuit ses recherches et enseigne toujours. Il se définit aujourd'hui comme un « *pro-social psychopath* », c'est-à-dire un psychopathe qui se soucie d'autrui, sans contrepartie. En d'autres termes, un *gentil psychopathe*.

18. Interview menée en novembre 2020 (traduction de l'auteur).

ZOOM SUR…

Votre amygdale dicte la voie de vos émotions

Qui penserait que des troubles psychiatriques peuvent découler d'un si petit organe ? Avant sa découverte, James Fallon n'avait jamais imaginé tester ce précieux petit noyau. Mais comment fonctionne-t-il ? Et pourquoi a-t-il une telle incidence sur nos fonctions sociales[19] ?

Située dans le cerveau, cette partie en forme d'amande (d'où son nom *amygdala*, tiré du latin) est responsable d'une partie de nos émotions et, par association, de certains de nos comportements. Les deux amygdales dont nous disposons ont des rôles très spécifiques : elles fonctionnent comme des donneurs d'alerte dans différentes situations, particulièrement de stress et de menace. Dans ces cas, le système envoie des stimuli à d'autres régions du cerveau dont la réponse est la peur, un moyen de survie naturel. Elles permettent également d'identifier les expressions du visage dès le plus jeune âge.

Quand les amygdales ne fonctionnent pas normalement, à cause de lésions par exemple, le système est remis en question. En fonction de la lésion, le sujet peut ne ressentir aucune émotion dans une situation donnée — par exemple de danger. En cas de défaite de ces stimuli, une personne peut alors avoir un comportement jugé anormal : observer sans émoi une scène de crime, ne pas ressentir de peur face à une attaque, ne pas ressentir de culpabilité, d'empathie… Les agissements des individus à l'amygdale défaillante ne sont pas répréhensibles pour autant, comme dans le cas de James Fallon ; en fonction de son code moral, la personne aura des comportements positifs ou négatifs définis par la loi, c'est-à-dire par notre contrat social. C'est toute la différence entre ce qu'on pourrait résumer par les gentils psychopathes et les mauvais.

19. Il existe de nombreuses études sur l'amygdale et sur ses fonctions dans notre cerveau. Lire notamment Jean-Marie Le Minor, Jean-Philippe Dillenseger, *Neuroanatomie descriptive*, Elsevier, Amsterdam, 2019.

PROFIL N° 2

Le psychopathe socialement adapté

Diagnostic – Checklist-Revised

Quels sont les traits principaux de ce psychopathe ?

- ☑ Surestimation de soi
- ☑ Besoin de stimulation et propension à l'ennui
- ☑ Duperie et manipulation
- ☑ Absence de remords ou de culpabilité
- ☑ Insensibilité et absence d'empathie
- ☑ Parasitisme
- ☑ Faible maîtrise de soi
- ☑ Problèmes de comportement précoces
- ☑ Absence d'objectifs réalistes à long terme
- ☑ Impulsivité
- ☑ Délinquance juvénile
- ☑ Diversité des types de délits commis

« MAINTENANT, C'EST MOI, OU LA VIE. »

Si vous entreprenez une recherche sur la Toile, vous découvrirez assez rapidement une liste semblant infinie d'internautes clamant fièrement qu'ils sont des psychopathes. Pas (ou peu) d'émotions, absence d'empathie et de culpabilité, tendance au mensonge pathologique, à la manipulation, caractère impulsif, pas de prise en considération des conséquences de leurs actes... Nous pouvons évidemment tous nous retrouver ponctuellement dans l'une de ces cases. Mettre au jour des traits de psychopathes apparaît facile, voire alléchant quand on souhaite tirer la couverture à soi. Car, après tout, la liste de Hare[20] est la seule qui, aujourd'hui, permet *réellement* de caractériser si un individu souffre de ce trouble ou non. La liste elle-même se base sur l'observation psychologique. Personne ne peut affirmer à 100 % que vous êtes un psychopathe. Ou que vous ne l'êtes pas.

En me laissant porter par ces réflexions, j'ai eu l'occasion d'échanger avec Mike, un Canadien d'une quarantaine d'années qui se définit aujourd'hui comme psychopathe, « à la suite d'un deuil traumatique, explique-t-il[21]. J'ai perdu ma conjointe et j'ai pleuré pendant huit ans, nuit et jour. Mon

20. Lire en page 25.

21. Entretien mené en novembre 2020. Le nom de la personne interrogée a été modifié.

cerveau a décroché. Un jour, je me suis réveillé avec un *fuck that* en tête. Plus jamais je ne me mettrais dans une position où j'aurais aussi mal. Ma vie est passée du stade d'une personne instable, qui se cherche, à celle d'une personne qui est dans l'action. Mon cerveau a décidé de ne plus être engagé dans les émotions, de ne plus se créer d'attente. Aujourd'hui, je suis mort intérieurement. Je n'attends plus rien de la vie. Qu'on me crie dessus, qu'un enfant se fasse frapper devant moi, je n'en ai plus rien à foutre. Si je vois un enfant en difficulté, je vais réagir, c'est mon code moral. Mais ça ne me fait rien. »

Mike est un ovni du web, c'est-à-dire qu'il œuvre pour raconter son histoire, pour faire évoluer la prise en charge des psychopathes, un peu à contre-courant des corps psychiatrique et judiciaire. Il pose un regard acerbe sur la pratique médicale actuelle, jugeant que les réponses proposées aux psychopathes, à savoir la médication en grande majorité, ne sont pas adaptées.

Depuis tout petit, Mike développe une personnalité complexe, avec un caractère bien trempé. Son père travaille beaucoup, il est souvent absent. Sa mère est malade, elle est peu affectueuse. « Tu es chanceux que ton père revienne ce soir, lui assène-t-elle parfois. Sinon, je te tuerais. » Le garçon est souvent enfermé par ses parents dans la garde-robe. « À cet âge, notre cerveau se positionne automatiquement en mode survie », explique-t-il. Quand elle décède, Mike a 16 ans. Nous sommes en 1988. Six mois plus tard, son père se met en couple et laisse l'adolescent seul pour la période des fêtes. Le fils le lui fera payer : il embarquera l'ordinateur de la maison — une petite fortune, à cette époque — et l'apportera à un prêteur sur gages. « Il savait qu'il avait mal agi. Il a assumé sa part de responsabilité. » Le père ne verra jamais la couleur de l'argent récolté grâce à cette vente.

La psychose se déploie peu à peu. Mike sort depuis un peu plus d'un an avec une fille. Il a alors dix-sept ans. Ils se promènent en voiture, les phares éclairent la route, la nuit est tombée. Mais la discussion est houleuse, le jeune homme n'est pas satisfait de la tournure de la conversation. Il arrête l'automobile en haut d'une carrière, à Saint-Jérôme[22], assez éloignée de la civilisation. Il dirige sa petite amie au bord du précipice, puis lui donne un choix : la situation doit changer. « Soit on continue ensemble. Soit tout s'arrête pour toi maintenant. » La jeune femme choisit la première proposition. « Je l'ai fait courir cinq kilomètres dans le noir. Je lui ai dit : "Si tu perds les lumières de vue, tu meurs." » Elle restera encore un peu plus d'une année avec lui.

« Son bras m'est resté dans la main. »

Des démêlés avec la justice, Mike en a eu quelques-uns. Il a été accusé plusieurs fois par ses compagnes, parfois à tort, explique-t-il, mais jamais condamné. Pourtant, selon nos codes moraux, sa conduite n'a pas toujours été exemplaire. Il a trempé dans la fausse monnaie. Il a volontairement blessé des personnes pour se venger. Il est d'autant plus impressionnant qu'il ne montre jamais aucune émotion. Et pour couronner le tout, il a appris les arts martiaux, il sait se battre. Durant une dizaine d'années, il a laissé ses pulsions s'exprimer avant de vivre une importante remise en question.

22. Ville du Québec, à 50 kilomètres de Montréal.

Le déclencheur a lieu le 6 juin 1996. Mike a une vingtaine d'années. Il vit avec une femme et les deux enfants de cette dernière, âgés de 3 et 5 ans, pris en charge par la Direction de la protection de la jeunesse (DGP)[23]. Il en devient le tuteur officiel. « On était dans un contexte de rééducation », explique-t-il. Il vient d'emménager avec eux dans un grand appartement, avec plusieurs chambres. Mais l'un des enfants est difficile et a pris une habitude agaçante : quand il est énervé, il s'empare d'une batte de base-ball et la lance contre le mur. Le son est glaçant. Un jour, Mike se met hors de lui : pour le punir, il saisit le garçon par le poignet afin de l'amener à genoux dans un coin de la pièce. La pression est trop forte et l'enfant se démène. En l'attrapant, l'homme déboîte l'épaule du garçon. « Le bras m'est resté dans la main. C'était inacceptable. Je regrette tellement ! »

La DGP impose alors à sa conjointe de quitter Mike. Elle ne pas portera pas plainte, malgré les insistances des autorités. Mais l'homme vit, lui, un nouveau choc existentiel. Il pense au suicide et demande son internement dans un hôpital psychiatrique de Montréal. C'est le début d'une vingtaine d'années de thérapies successives dans différentes structures psychiatriques ou de désintoxication. Il est déclaré atteint d'un trouble de la personnalité borderline, avec un contrôle ardu de ses pulsions. Il affirme qu'il est difficile d'être trop intelligent. Il pleure beaucoup, se dit violent, mais semble parfaitement civilisé. Le système de santé ne sait pas

23. Le Québec compte 19 directeurs chargés de faire appliquer la loi sur la protection de la jeunesse. Elle consiste en l'observation du traitement de l'enfant et la responsabilisation des parents dans des situations dites exceptionnelles (portant atteinte à la sécurité ou au développement de l'enfant), ainsi que la prise en charge de certains traitements et services adéquats, avec pour objectif le respect des droits de l'enfant.

comment prendre en charge ce patient. Dit-il la vérité ? Si oui, quelles solutions autres que la médication ?

Mike est interné au Centre Richard Boivin pour alcooliques et toxicomanes. Le directeur y est peu apprécié des patients. L'homme y montera rapidement un dossier pour faire expulser le professionnel. Il est menaçant ; dans le cadre de sa thérapie, il aide en cuisine. « Je travaillais donc avec des couteaux. Ils m'ont enfermé deux semaines dans ma chambre pour que je ne le massacre pas. » Mais l'expérience au Centre est finalement salvatrice : un psychiatre s'intéresse au cas de Mike, une complicité se développe, et le professionnel de santé aide le jeune homme à reprendre pied, à se développer psychologiquement.

Aujourd'hui, à presque une quarantaine d'années, il a fait le choix de l'ascétisme, sur le modèle des moines bouddhistes, à l'écart de la société. Il a mis à l'écrit l'ensemble de son histoire pour tenter de comprendre qui il est, ce qu'il est et ce qu'il peut apporter aux autres. Cette biographie a été publiée sur Internet. À la différence des affirmations de nombreux professionnels de santé, il envisage la psychopathie sous un angle positif, s'inspirant du travail de Kevin Dutton : « Judicieusement répartis et appliqués avec la prudence qui s'impose, [le charme, l'implacabilité, la concentration, la force mentale, l'absence de peur, la pleine conscience et l'action] seraient propres à nous permettre de parvenir à nos fins ; de réagir plutôt que de subir les défis que nous lance la vie, de ne pas finir victime, mais de sortir victorieux des épreuves, sans cependant nous transformer en un sombre personnage[24]. »

---

24. Kevin Dutton, *La Sagesse du psychopathe*, Larousse, Paris, 2015.

Mike se considère comme un psychopathe socialement adapté et « de type sain ». Il se donne pour mission d'aider les personnes atteintes du même trouble que lui en créant un réseau d'entraide pour les psychopathes.

ZOOM SUR...

Le psychopathe socialement adapté existe-t-il ?

Le cas de Mike nous interroge sur la réalité des comportements des psychopathes dits socialement adaptés, comme Athena Walker nous l'explique (lire en page 29). Qu'est-ce que cela signifie ? Étant donné que l'amygdale est responsable de nos réactions émotionnelles, n'est-ce pas la preuve qu'il nous est impossible d'échapper à notre système génétique ? Un psychopathe ne s'épanouira-t-il pas, à un moment de sa vie, dans le délit ou le crime ? « Comme pour de nombreuses caractéristiques humaines, physiques ou psychologiques, la question primordiale est celle de l'inné ou de l'acquis, explique Martha Stout[25]. Ces caractéristiques viennent-elles du sang, ou sont-elles liées à l'environnement ? [...] La réponse est très probablement les deux. En d'autres mots, il existe une prédisposition, dès la naissance, mais l'environnement régule la manière dont cela va s'exprimer. » L'autrice explique, à titre d'exemple, qu'un très faible pourcentage de psychopathes est aujourd'hui identifié dans les pays asiatiques, entre 0,03 et 0,14 % : « Il semble que les influences culturelles jouent un rôle très important dans le développement (ou pas) de la sociopathie dans n'importe quelle population donnée[26]. »

C'est, en sous-texte, l'existence de ce fameux code moral qui est mis en exergue, un code qui ne repose pas sur l'empathie,

25. Martha Stout, *op. cit.*
26. *Ibid.*

comme pour la plupart d'entre nous, mais sur une décision personnelle, réfléchie, qui pourrait se résumer ainsi : que vais-je faire de moi-même ? Quelle voie vais-je choisir ? Celle de l'illégal, de l'immoral, ou vais-je au contraire épouser les normes de mes contemporains ? C'est là tout le travail intime de personnes tels que Mike et Athena Walker, qui luttent contre l'amalgame. Non, un psychopathe n'est pas un criminel. Comme tout le monde, il n'est criminel que s'il commet un crime.

3

Ces psychopathes qui peuplent votre quotidien

PROFIL N° 3

Le comédien parfait

Diagnostic — Checklist-Revised

Quels sont les traits principaux de ce psychopathe ?

- ☑ Loquacité et charme superficiel
- ☑ Surestimation de soi
- ☑ Besoin de stimulation et propension à l'ennui
- ☑ Tendance au mensonge pathologique
- ☑ Duperie et manipulation
- ☑ Faible maîtrise de soi
- ☑ Insensibilité et absence d'empathie
- ☑ Problèmes de comportement précoces
- ☑ Impulsivité
- ☑ Irresponsabilité
- ☑ Incapacité à accepter la responsabilité de ses actes

En venir à bout

- ☑ Ne pas le victimiser
- ☑ Ne pas croire à ses déclarations
- ☑ Ne pas s'énerver
- ☑ Ne pas excuser son attitude
- ☑ Ne pas culpabiliser
- ☑ Ne pas entrer dans une relation privilégiée avec lui

卌 卌 卌

L'INTERMITTENT FAIT SON DERNIER SHOW

Comment identifier un psychopathe ? À la lecture des récits qui composent cet ouvrage, c'est la question qui est en droit de vous animer. Qui imaginerait que l'automobiliste qui vous dépasse sur la Nationale en est un ? Qui pourrait supposer que ce neuroscientifique, chéri par sa famille aimante, en présente des caractéristiques ? Dans la majorité des cas, ce psychopathe que vous croisez au quotidien n'est pas décelable. Ou difficilement. Et seul un spécialiste est capable de diagnostiquer ce trouble, en suivant un protocole précis et réfléchi.

Christophe est médecin. Il a rencontré l'un de ses premiers psychopathes alors qu'il était encore interne. Impossible, à ce moment de sa vie, d'identifier précisément son trouble. Il percevait pourtant que quelque chose était différent chez son patient. Mais il était trop jeune, nous explique-t-il, et manquait d'expérience pour comprendre ce qui se passait[27].

Christophe a baigné dans l'univers de la médecine dès tout petit. Quand il se décide à suivre la même lignée que ses parents, ces derniers le préviennent : la médecine n'est

27. Ce récit repose sur une interview réalisée en décembre 2020. Les noms des personnes ont été modifiés.

plus ce qu'elle était, lui affirment-ils, tout est aujourd'hui automatisé, le spécialiste de santé n'a plus qu'un rôle secondaire. Mais Christophe n'en a cure. Il veut devenir médecin. Ce dessein est probablement motivé, tout au moins en partie, par son expérience de la religion, pense-t-il : il a reçu une éducation jésuite et, avec elle, une idéologie humaniste poussée.

Il entame alors des études de médecine à Paris. Et, pour parfaire sa formation, entre à l'hôpital Bichat, dans le XVIIIe arrondissement de la capitale. Christophe a alors une vingtaine d'années.

Hasta luego, cher médecin

La période est noire. Cela fait seulement près de dix ans que l'équipe de Pasteur a identifié le virus du sida, et la reconnaissance des malades ne fait que commencer. Les sociétés occidentales sont encore marquées par un imaginaire rattaché aux facteurs de risque : les « 4 H » — homosexuel, héroïnomane, Haïtien ou hémophile. C'est l'époque des *Nuits fauves* et de *Philadelphia*, qui voit déferler une vague de transmissions : à la moitié des années 1990, plus de 30 000 personnes sont déjà décédées des suites du VIH en France et aucun traitement n'est encore disponible. Les hôpitaux accueillent les malades, mais sont incapables de les soigner convenablement. On parle de *mouroirs*, ces établissements où les patients attendent jusqu'à la mort. Ce n'est qu'en 1996 que les résultats positifs de la trithérapie sont évoqués. Mais le traitement est encore expérimental, et seuls certains ont accès aux médicaments.

Christophe évolue dans cet univers. Il sait que son rôle y est important. « J'avais le sentiment que j'étais un grand sauveur. »

Il est amené à suivre Georges, un toxicomane de 25 ans qui travaille comme technicien lumière dans le cinéma. Dès le premier contact, le jeune homme dégage quelque chose : il est séduisant, il parle facilement avec les gens, il a du charisme, « un profil à la Patrick Dewaere ». On perçoit en lui une rage de vivre et de survivre.

Georges entre alors dans un protocole strict, avec une médication précise visant à enrayer le virus du sida. Mais le patient n'est pas facile. « Il était ingérable. Il ne venait pas chercher ses traitements. Il était souvent agressif avec le personnel soignant… Il avait ses "chouchous" et ceux qu'il détestait. » Il se rend à l'hôpital quand la pharmacie est déjà fermée, obligeant Christophe à aménager le protocole à chaque fois. « Je faisais mon travail avec bienveillance et lui me renvoyait l'idée que j'étais mauvais, méchant avec lui, que je le manipulais. » Le médecin ne détecte pas le travail de manipulation qui se déploie, à travers lequel Georges tente d'avoir l'ascendant sur lui. C'est, chez cet homme, le premier signe de psychopathie.

Le jeune interne, au contraire, est irrité par son patient, mais son professionnalisme prend à chaque fois le dessus. « J'avais des sentiments très ambivalents. Il m'insupportait, mais la première chose que je faisais en arrivant au travail, c'était de vérifier s'il avait appelé. Il était d'une agressivité paradoxale. » Christophe développe alors, sans s'en apercevoir, un sentiment de dépendance vis-à-vis de Georges : c'est le deuxième signe. « Il était dans une rage terrible, contre tout le monde, contre la société qui le rejetait. J'épousais sa colère sur bien des points, voir par exemple que ce pays de merde était incapable de développer une technologie pour aider les malades… Sur le fond, je comprenais qu'il y avait dans son comportement quelque chose qui méritait de l'attention et une empathie minimale. Au prix de la culpabilité. » Car Georges est souvent odieux, jugeant le personnel de santé de « suppôts de laboratoires pharmaceutiques ». Les insultes d'une grande violence constituent le troisième signe, qui mènera fatalement à un point de non-retour.

Un jour, le drame intervient : Georges attend que son médecin se libère, mais quand ce dernier vient le chercher pour la consultation, le jeune patient s'en va dans le couloir de l'hôpital. Sa démarche est calme. Il se retourne, fait un petit geste de la main à destination de Christophe, un clin d'œil et crie : « *Hasta luego !* » Christophe ne comprend pas.

Quelques heures plus tard, comme un dernier bouquet d'explosifs visant le corps médical, Georges saute dans le canal de l'Ourcq, à Paris, et s'y noie. C'est son ultime tentative de culpabilisation du jeune médecin : le quatrième et dernier signe. Et c'est efficace. « Le jour où il est parti, j'ai eu le sentiment qu'il me choisissait. » Et il comprend aujourd'hui la psychopathie de ce patient. « Il me renvoyait un sentiment d'impuissance majeure. […] Il était incapable de suivre une règle. »

Cet incident motivera l'évolution professionnelle de Christophe : après l'hôpital Bichat, il entrera chez Médecins du Monde, avant de se spécialiser en psychiatrie. Ce n'est que des années plus tard qu'il sera en mesure d'interpréter les signes de psychopathie que présentait son patient :

séduction, manipulation, incapacité à accepter la responsabilité de ses actes… Et quand il se rendra sur le canal de l'Ourcq, il y jettera une gerbe de fleurs. Un dernier hommage au fantôme de Georges.

ZOOM SUR…

Le psychopathe, à l'hôpital ou en prison ?

L'histoire de Georges est tragique sur plus d'un point : l'individu, psychopathe étiqueté d'outre-tombe, questionne quant à la prise en charge de ce type de patients. « Tantôt qualifiée de manie sans délire, tantôt considérée comme une preuve de la théorie de la dégénérescence, la psychopathie interroge les limites de la psychiatrie, la psychiatrie elle-même, son rôle, les soignants, par l'agressivité renvoyée par ces patients, et aussi l'évolution de la société. […] Si certains soignants pensent que la place du psychopathe n'est pas à l'hôpital mais en prison, ils ne peuvent en dire de même du psychopathe suicidaire, d'où la nécessité de comprendre comment entrer en contact avec ces patients, comment les aider au mieux[28]. » Or, comment aider ces personnes, à une époque où il n'existe aucun traitement médicinal pour lutter contre ce trouble ? La question est d'autant plus prégnante quand on estime la souffrance des individus atteints : on estime que le taux de suicide est 3,7 fois plus élevé chez ces personnes que dans la population générale[29].

Là encore, dans nos esprits, le psychopathe hollywoodien, ou celui qui marque par ses crimes sanglants nos faits divers, a une

28. Alexandre Cailleau, Fabien Juan, Anne Sauvaget-Oiry, Jean-Marie Vanelle, « Réflexion sur la prise en charge du psychopathe suicidaire », *L'Information psychiatrique*, 2007/4, vol. 83.

29. *Ibid.*

tendance à concentrer sur lui toutes les lumières. Or, la question n'attend pas une réponse unique et fermée, et aujourd'hui, aucun protocole strict n'est réellement mis en place dans le milieu de la psychiatrie pour soutenir ces personnes. Et c'est bien tout le problème. « Aider ces patients passe par l'adaptation à leur mode de fonctionnement, tout en maintenant un cadre et des limites qui sont de toute manière thérapeutiques. Se rappeler que le psychopathe suicidaire ou suicidant souffre permet de lui redonner la dimension humaine, occultée parfois par son agressivité[30]. »

30. *Ibid.*

PROFIL N° 4

La séductrice

Diagnostic — Checklist-Revised

Quels sont les traits principaux de ce psychopathe ?

- ☑ Impulsivité
- ☑ Tendance au mensonge pathologique
- ☑ Affect superficiel
- ☑ Absence de remords ou de culpabilité
- ☑ Insensibilité et absence d'empathie
- ☑ Problèmes de comportement précoces
- ☑ Irresponsabilité
- ☑ Incapacité à accepter la responsabilité de ses actes
- ☑ Promiscuité sexuelle

En venir à bout

- ☑ Ne pas répondre à son impulsivité
- ☑ Se méfier de ce qu'il dit
- ☑ Ne pas le victimiser
- ☑ Ne pas montrer d'attirance, sexuelle ou intellectuelle
- ☑ Ne pas excuser ses actions

𝍸 𝍸 𝍸

LA DOUBLE VIE DE LA STARLETTE SANS REMORDS

Imaginez-vous, un beau jour, avoir une furieuse envie d'une baguette de pain toute fraîche. Vous vous habillez convenablement, enfilez vos chaussures, passez votre veste sur les épaules, sortez tranquillement de chez vous et commencez à marcher en sifflotant. Un rayon de soleil vous chauffe la nuque, le ciel est bleu, vous avez hâte de rentrer auprès de votre famille pour préparer le dîner. Et vous visualisez déjà, sur la tablée joliment préparée, cette baguette de pain qui trône fièrement, prête à être rompue. Ou peut-être achèterez-vous une pita bien gonflée, qui sait ? Vous choisirez le pain le plus alléchant de la boulangerie. Et pourquoi pas quelques gâteaux pour faire plaisir aux enfants. Vous êtes heureux, la vie suit parfaitement son cours.

Arrivé à un croisement, vous regardez à droite, à gauche, et empruntez le passage piéton. Mais vous ne pouviez pas voir cette Buick rouler à toute allure vers votre direction. Vous entendez soudain le moteur de la voiture, réagissez instinctivement pour tenter de l'éviter, mais c'est trop tard. La voiture vous a roulé dessus, vous sentez votre corps se rompre, abandonner. Vous vouliez juste une baguette de pain ! Vous percevez l'alarme de l'ambulance au loin, très loin de vous. En vain. Vous mourrez dans quelques jours. Et l'automobiliste, lui, a pris la poudre d'escampette depuis longtemps déjà. Il sait qu'il a heurté un être humain, mais s'en moque ; il doit arriver à l'heure, pas de temps à perdre.

Rassurez-vous, vous n'êtes pas ce piéton malheureux. Mais cette histoire a bien eu lieu. Et l'automobiliste, psychopathe en puissance, elle, s'en est sortie sans trop de dommages. Cette histoire lui a même été d'une aide précieuse pour se mettre en valeur sur les réseaux sociaux. Et elle n'a jamais exprimé publiquement la moindre compassion ou le moindre remords.

Milly vit en Israël[31]. Elle a 16 ans quand elle poste sa première photographie sur Instagram. Elle sent le bon filon et veut se démarquer des autres comptes : elle se dévoile, naturelle, avec un bikini échancré, et observe l'objectif avec un regard de défi. Elle incarne une pin-up nouvelle génération qui risque de faire du bruit sur la Toile. Mais Milly comprend vite comment fonctionne la machine : sensuelle, à moitié dénudée, avec un faux air ingénu, elle publie également de faux clichés de sa vie quotidienne — la famille, les animaux, une expédition à la neige... Oui, Milly est comme vous, elle mène une vie toute simple, enroulée dans l'amour.

Mais ce n'est en vérité pas le cas.

Milly est née dans le luxe, gâtée par ses parents depuis son plus jeune âge. Elle aime ce qui brille, les belles choses, être séduisante. Elle apprécie quand on la regarde, quand on l'envie. Elle est cette jeune bimbo que vous croiserez

31. Ce récit a été réalisé à partir d'articles de journaux et d'une enquête. Le nom de la personne a été modifié.

demain chez votre coiffeur et qui vous énervera par sa condescendance.

Ce jour de décembre 2015, Milly roule dans une commune aisée située à 15 kilomètres au sud de Tel-Aviv. Elle a 19 ans et n'a peur de rien. Sur la route, un homme de 82 ans commence à traverser. Il avance de neuf mètres avant de se faire violemment percuter par la jeune femme. Comme un renard sur la chaussée. Milly poursuit sa route et rentre chez elle. Quarante minutes plus tard, elle décide de contacter les pompiers pour les informer de l'accident. L'homme mourra trois jours plus tard.

Milly, elle, ne semble pas tellement perturbée. Quelques semaines plus tard, elle publie de nouveau des posts sur Instagram : on la voit prendre la pose dans des tenues suggestives. Rien ne s'est passé. Et le nombre d'abonnés à sa page augmente doucement. La famille du défunt s'indigne. Comment ose-t-elle ne pas afficher, si ce n'est un deuil, de la culpabilité pour son acte ? Elle tente de prendre contact avec la jeune femme. Des messages restés sans réponse…

La limo en Insta Live

Le procès va commencer, mais Milly est bien protégée : sa famille affirme qu'elle est fragile et craint des tentatives de suicide. On lui fait passer des examens : elle est diagnostiquée dépressive. Elle entame alors des études de droit. Et quand le procès commence, c'est une autre femme qui apparaît : elle porte un simple t-shirt, n'a plus une trace de maquillage et prend une expression de tristesse et d'ingénuité qu'on ne lui avait jamais vue. Elle est devenue une personne fragile, une victime.

Le procès dure quatre ans, quatre longues années où Milly profite d'une vingtaine de voyages à travers le monde. On l'y voit en maillot de bain, en robe de soirée, faire la fête aux Maldives, à Las Vegas et dans bien d'autres endroits de charme. Le nombre d'abonnés continue de croître. Des marques s'intéressent à elle. Elle devient une *influenceuse* et se prête au jeu avec une aisance extraordinaire. Mais le couperet tombe finalement : elle sera condamnée à deux ans de prison, devra payer 12 500 euros d'amende[32] et son permis de conduire sera suspendu durant sept ans.

Milly s'indigne : elle fait appel, insiste sur ses remords, rappelle qu'elle étudie le droit, demande une réduction sur la délivrance du permis parce que, tout de même, toute cette histoire a duré quatre ans ! L'appel est rejeté.

La double vie de Milly commence. Sur les réseaux sociaux, on peut suivre ses voyages à travers le monde. Elle tague des amis, célèbre des anniversaires, les fêtes juives, les soirées avec les proches... Pendant des mois, elle s'affiche en vacances faites de paillettes et de musique ; elle est pourtant à cette même période détenue dans la prison pour femmes de Neve Tirtza, sans accès à un smartphone ou même à une simple connexion web. Mais tout était programmé à l'avance : un membre de sa famille s'occupe de ces mises à jour. Et le nombre d'abonnés augmente encore.

Elle est finalement libérée de manière anticipée pour bonne conduite et décide d'utiliser cette sortie à son avantage. Quand sa limousine s'arrête devant le pénitencier, elle entame son Instagram Live. Elle y affiche un visage reposé,

32. 50 000 shekels (monnaie israélienne).

souriant, elle chante devant la caméra, créant une polémique à laquelle s'associe la famille du défunt.

Si elle n'a pas été officiellement diagnostiquée psychopathe, elle en présente néanmoins un grand nombre de traits, parmi lesquels le manque d'empathie et l'incapacité à assumer les conséquences de ses actes.

Aujourd'hui, Milly continue de poster des photos d'elle. Elle compte 120 000 abonnés à son compte Instagram. Dans cette histoire, la starlette n'a pas perdu une seule paillette. Elle s'est servie de son homicide involontaire pour grimper les marches du succès. Sans culpabilité. Sans compassion. Ni remords.

ZOOM SUR...

Un psychopathe est-il un obsédé sexuel ?

Parmi les critères de Robert Hare, l'un des plus surprenants, qui prête sans doute le plus au débat, c'est la promiscuité sexuelle, c'est-à-dire avoir de multiples partenaires sexuels. Après tout, ces critères qui fondent la *Psychopathy Checklist-revised* [lire en page 25] ont été mis au jour une première fois il y a tout de même plus de cinquante ans. Le regard parfois puritain de la société n'a-t-il pas évolué sur cette question ? Avoir l'habitude des coups d'un soir serait donc un symptôme de psychopathie ? Certes non. L'enjeu est tout autre.

Si les psychopathes identifiés par cette liste présentent cette récurrence, elle ne suffit pas à définir un quelconque trouble chez la personne étudiée. Et le récit de Milly nous le prouve parfaitement : c'est l'érotisation du corps, dans une finalité de séduction, qui est à l'œuvre dans ce cas. Et l'objectif n'est autre que la manipulation. La promiscuité sexuelle peut alors s'expliquer par la personnalité narcissique du psychopathe, ainsi que par l'absence de réaction émotionnelle dans des situations dites de stress ou de danger. « Les personnes qui n'ont pas de conscience perçoivent, de manière étonnante, ceux qui seront vulnérables à des avances sexuelles, explique Martha Stout[33], et la séduction est une autre technique de sociopathe très commune. Pour la plupart des gens, une relation sexuelle intègre un attachement émotionnel, même de manière fugitive, et ce type de lien est utilisé par ces personnes impitoyables et sans remords afin d'arriver à leur fin — l'allégeance, un soutien financier, une information, le sentiment de "gagner", ou parfois juste une relation temporaire qui a l'air d'être normale. »

33. Martha Stout, *op. cit.*

PROFIL N° 5

Le puissant intouchable

Diagnostic — Checklist-Revised

Quels sont les traits principaux de ce psychopathe ?

- ☑ Loquacité et charme superficiel
- ☑ Surestimation de soi
- ☑ Besoin de stimulation et propension à l'ennui
- ☑ Absence de remords ou de culpabilité
- ☑ Problèmes de comportement précoces
- ☑ Impulsivité
- ☑ Irresponsabilité

En venir à bout

- ☑ Ne pas le défier
- ☑ Ne pas entrer dans son jeu
- ☑ Se protéger légalement
- ☑ Éviter les face-à-face
- ☑ Ne pas culpabiliser
- ☑ Ne pas se sous-estimer
- ☑ Ne pas tendre l'autre joue

𝍸 𝍸 𝍸

LE BIEN-AIMÉ ÉLU QUI N'AIMAIT PERSONNE

Et si, demain, vous déteniez le pouvoir ? Si, demain, vous étiez un représentant politique, un adjoint à votre maire, un conseiller de quartier ? Si, demain, vous étiez cette femme ou cet homme qui se promène, sourire aux lèvres, dans les marchés alimentaires pour prospecter pour votre prochaine réélection ? Avez-vous déjà imaginé que cette personne — qui vous a peut-être épousé, que vous croisez peut-être chaque jour, celui pour lequel vous avez voté ou non — était un psychopathe ? À l'échelle internationale, on peut aisément analyser les personnalités psychotiques de certains dirigeants[34]. Mais qu'en est-il de ces élus proches de vous, censés défendre vos intérêts, vous permettre de vivre paisiblement dans votre commune ?

M. Antrane est maire d'une commune en France. Il n'apprécie pas qu'on le nomme M. Antrane, préférant de loin la dénomination de Monsieur le Ministre, une charge qu'il a remplie quelques années durant avec une grande satisfaction. Mais M. Antrane est maire. C'est ainsi que la population nationale, dont une majorité a déjà entendu au moins une fois son nom, le considère aujourd'hui. Et il n'est pas que cela. Il cumule les fonctions, à son plus grand

34. Lire sur ce point Jean-Luc Hees, *Ces psychopathes qui nous gouvernent*, Plon, Paris, 2018.

délice, de manière à entourer la région de sa poigne. Car M. Antrane aime le pouvoir, depuis aussi longtemps qu'il s'en souvient. C'est-à-dire, dans le fond, depuis toujours. Donner des ordres l'exalte, prendre des décisions l'excite et, plus encore, détruire ses collaborateurs le grise énormément. Et il ne s'en cache pas.

M. Antrane est fier de son parcours. Cela fait déjà plus de cinquante ans qu'il occupe ce poste. Et il n'est pas près de laisser sa place à un quelconque adjoint. Car M. Antrane aimerait mourir sur le trône ; c'est ainsi qu'il envisage sa fin de vie. Il faut dire qu'il s'est donné tout entier au service de la population. La moindre des compensations, c'est qu'il jouisse du pouvoir jusqu'au bout.

M. Antrane est-il vénal ? Pas vraiment. Certes, il apprécie la liberté que lui confère son compte en banque bien garni, et s'amuse encore aujourd'hui des possibilités quasi infinies que permet la signature d'un chèque bien gras. Mais M. Antrane se délecte surtout du contrôle. C'est bien plus satisfaisant.

Cet homme est l'exemple même du psychopathe puissant et intouchable. Il a tissé son personnage tout au long de sa vie, en en faisant une figure cruelle, mais riche de grands traits d'esprit. Il est ainsi adoré par les journalistes pour ses jeux de mots et répliques cinglantes.

Il débute sa carrière dans les années 1980, après des études d'économie, de droit et de sciences politiques. Soutien implacable de plusieurs têtes politiques, il se fait progressivement un nom dans le milieu, marqué par une personnalité originale, impulsive, parfois colérique, cynique, mais avec une belle maîtrise du sarcasme, qui lui vaudra quelques applaudissements de la part de la classe politique.

Pourtant, M. Antrane n'est pas tout blanc. Il est attaqué plusieurs fois en justice pour injure publique, abus de biens sociaux et détournement de fonds publics. Mais entre-temps, il travaille son réseau pour lui permettre de se hisser parmi les personnalités les plus en vue : secrétaire d'État, puis ministre et député, tout en restant maire et en briguant les présidences de plusieurs comités d'agglomération. L'intouchable est donc aujourd'hui bien protégé. Mais sa vieillesse renforce encore ses déchaînements de rage.

« Aujourd'hui, des têtes vont tomber. »

En tant que maire, il a découvert avec une grande satisfaction le plaisir d'humilier publiquement ses opposants, mais aussi ses collaborateurs. « Personne n'est irremplaçable » est l'une de ses devises. Désavouer ses adjoints et conseillers ne lui pose aucun problème, particulièrement si la scène se déroule devant les yeux de tout le monde. Pour cela, il apprécie tout spécialement les conseils municipaux durant lesquels, ponctuellement, il déshabille socialement une autre personne, sans empathie, sans la moindre émotion. Cette attitude lui a permis de mener sa municipalité d'une main de fer et d'instaurer une ambiance de terreur qui se transmet de génération en génération de fonctionnaires. Des collaborateurs en *burn-out*, il y en a évidemment eu beaucoup, mais cela ne le touche pas. Il considère d'ailleurs que les vacances devraient être supprimées ; il y en a tout de même beaucoup.

Homme terrifiant à plus d'un titre, il a su s'entourer de personnes psychologiquement fragiles, mais au tempérament vif, qui le protègent en toute occasion, même quand il n'est pas défendable. La *cour du roi* est solide, certes, mais également craintive ; il détruit parfois l'un de ses sujets pour faire montre d'exemple et inviter ses autres soldats à ne jamais s'opposer à lui. Et, le plus surprenant, c'est que ça marche.

Autour de lui s'est donc construite une armada d'adjoints et de directeurs qui mettent en pratique l'éducation qu'ils ont reçue : être exigeant avec leurs salariés, intraitable, à la limite de l'illégalité — mais pas assez pour se faire attaquer —, incarner une autorité cauchemardesque au bras long, mais qui frappe assez rarement pour ne pas faire fuir les collaborateurs. Dans la municipalité, le *règne de la terreur* est installé depuis longtemps. Au gré des couloirs, vous pourriez entendre des responsables, voix tremblantes, se questionner avec des larmes dans la gorge : « Mais, et si ça arrive aux oreilles du maire ? »

Fantomatique, omniprésent, M. Antrane est parvenu à s'immiscer dans l'esprit de la majorité des salariés de la ville. Mais pour lui, c'est une évidence. Il n'en tire pas de satisfaction particulière.

Soyons *fair-play*. Son impulsivité et sa façon bien à lui de se considérer comme un homme au-dessus des autres l'ont amené, par le culot, à pousser les murs étroits dans lesquels il s'est installé : il a transformé sa ville, attirant quelques architectes de renom, pierre angulaire de sa politique urbaine. Car il sait que, dès que le nom d'un artiste reconnu s'appose sur une construction, tout le monde se moque bien de la qualité de l'édifice. D'autant plus qu'il a réussi à nettoyer sa commune des plus pauvres, réglant ainsi le problème de l'insécurité, pense-t-il, pour le plus grand plaisir des bourgeois qui s'emparèrent du reste des quartiers. Et comme il est parvenu à garder un pourcentage de logements sociaux plus élevé que la moyenne régionale, personne ne peut lui reprocher quoi que ce soit.

Il a déjà prononcé publiquement des insultes racistes, sexistes et homophobes. Il a été accusé plusieurs fois de harcèlement moral dans l'intimité des bureaux. Il a souvent été dérangé par l'opposition, mais a toujours su régler ses affaires en se plaçant en martyr de la politique. « On fait tout pour bien faire son travail, monsieur, mais il y a toujours des mécontents qui tentent de me voler la vedette. Ma ville, je l'ai construite. Et j'en suis fier. On ne pourra jamais me retirer cela. » Mais M. Antrane est intouchable. Car il a entre ses mains un pouvoir immense de destruction.

L'une de ses phrases préférées en a dégrisé plus d'un. « Aujourd'hui, des têtes vont tomber ! » Il la prononce plusieurs fois par an, mais la réserve pour ces moments où son humeur est particulièrement nauséabonde. Il jouit alors de l'effet d'une telle réplique sur n'importe lequel de ses collaborateurs : directeur de service, cadre ou employé… Il faut dire que M. Antrane est exigeant. Il considère que chaque personne qui croise sa route, ou presque, est à son service. Il refuse l'erreur et, si une quelconque faute lui arrive à l'oreille — de la bouche, par exemple, de son chauffeur privé, sorte d'espion à sa solde —, il montre la porte à sa nouvelle victime, avec un dédain plus que manifeste.

Les élus eux-mêmes ne disposent d'aucune véritable protection. À chaque nouveau mandat, ils tremblent vigoureusement, terrifiés de se retrouver, d'un jour à l'autre, sur le paillasson de l'hôtel de ville. Et pour éviter cela, ils mettent parfois en œuvre des stratégies de harcèlement auprès de leurs équipes. Il faut dire qu'il y a des précédents. M. Antrane a déjà mené des croisades contre ses maires adjoints, des opérations de nettoyage humain qui lui ont valu quelques unes de canards réputés. Soupçonnant une potentielle trahison de certains membres de son équipe, parmi lesquels l'un de ses plus proches adjoints, il a profité d'un nouveau conseil municipal pour dénoncer haut et fort la supercherie et les démettre brutalement de leur fonction. Après tout, M. Antrane a toujours été fasciné par l'Inquisition. Et ses sorcières à lui, il les chasse à coups de balai.

Les rares personnes qui trouvent grâce à ses yeux sont les notables, ceux qu'ils considèrent comme assez haut placés pour justifier qu'il simule à leur encontre un minimum d'intérêt. Parmi eux, il y a certains représentants politiques, tant qu'ils affichent (bien sûr) sa propre couleur. Le lot comprend également une série de riches hommes (et femmes, mais il préfère éviter) d'affaires, capables de financer des projets d'envergure. Notons, dans cet ensemble, l'exception des grands architectes, des artistes qu'il entend attirer dans sa toile pour développer, dans la commune, un paysage urbain détonnant, une belle façon de faire parler de soi dans les journaux.

Aujourd'hui, M. Antrane a plus de 80 ans. Il n'a plus toute sa tête, tout le monde le sait dans la municipalité. Il est pourtant toujours élu maire, et sa cour, plus solide que jamais, protège farouchement son image. C'est elle désormais qui mène sa politique, espérant vivement faire émerger un leader, une descendance apte à reprendre le flambeau quand le roi passera l'arme à gauche. Les candidats sont nombreux, mais personne n'a compris que, pour prendre la place d'un psychopathe, il faut en être un soi-même. Et, avant même cela, reconnaître que cette figure d'autorité en est une : manipulateur, harceleur, impulsif, irresponsable, sans empathie, M. Antrane a bien des traits pour prouver son trouble psychique. Et si les particularités d'un homme comme celui-ci peuvent être perçues comme des qualités, personne ne les possède à ce jour. M. Antrane est donc encore bien vivant, et, dans l'intimité, la cour espère qu'il tiendra encore un petit bout de temps.

ZOOM SUR...

Des psychopathes jusqu'à la Maison-Blanche ?

M. Antrane constitue la pointe d'un iceberg qu'il est impossible de faire émerger à la surface. Pourquoi ? Simplement car le pouvoir permet la protection, et si vous êtes intouchable, vous n'avez strictement rien à craindre. Mais le sujet a fait couler beaucoup d'encre, également parce que notre imaginaire policier est fécond et qu'il est exaltant d'imaginer un groupe de psychopathes en haut de la pyramide, qui gouvernent froidement dans leur strict intérêt personnel. Le journaliste Jon Ronson, parmi d'autres, s'est posé la question. Dans son ouvrage *Êtes-vous psychopathe ?*, il met en scène la réflexion de Robert Hare sur le sujet : « Je n'aurais pas dû mener mes recherches exclusivement en prison. J'aurais dû aussi passer du temps à la Bourse. [...] Les tueurs en série détruisent des familles [...], alors que les psychopathes du monde de l'entreprise, de la politique et de la religion, détruisent des économies. Ils détruisent des sociétés[35]. »

Comment alors ne pas tourner les yeux vers les grandes nations du monde ? Vers la Maison-Blanche ? C'est tout l'objet du livre *Trop et jamais assez* de la nièce de Donald Trump, psychologue

35. Jon Ronson, *op. cit.*

clinicienne[36] : « Je n'ai aucun état d'âme à qualifier Donald de narcissique — il remplit les neuf critères énumérés dans le *Manuel diagnostique et statistique des troubles mentaux* (DSM-5) —, mais le diagnostic a ses limites. [...] On pourrait avancer qu'il remplit aussi les critères du trouble de la personnalité antisociale, qui sous sa forme la plus grave est généralement considéré comme une sociopathie, mais peut de même décrire une criminalité chronique, une arrogance et un mépris des droits d'autrui. [...] Il se peut que Donald réponde également à certains critères du trouble de la personnalité dépendante, dont les principaux marqueurs sont l'incapacité à prendre des décisions ou à endosser une responsabilité, la difficulté à rester seul et le fait de recourir à des mesures extrêmes pour obtenir le soutien d'autrui. [...] En fin de compte, les pathologies de Donald sont si complexes, et ses comportements si souvent inexplicables, qu'un diagnostic exact et complet exigerait toute une batterie de tests psychologiques et neuropsychologiques qu'il ne passera jamais. À l'heure actuelle, on ne peut pas évaluer son fonctionnement au quotidien parce qu'à la Maison-Blanche il est pour ainsi dire dans une cellule capitonnée. »

36. Mary L. Trump, *Trop et jamais assez*, trad. Valérie Le Plouhinel et Julie Sibony, Albin Michel, Paris, 2020.

PROFIL N° 6

Le tueur sans remords

Diagnostic – Checklist-Revised

Quels sont les traits principaux de ce psychopathe ?

- ☑ Besoin de stimulation et propension à l'ennui
- ☑ Absence de remords ou de culpabilité
- ☑ Affect superficiel
- ☑ Irresponsabilité
- ☑ Insensibilité et absence d'empathie
- ☑ Diversité des types de délits commis

En venir à bout

- ☑ Avertir ses proches
- ☑ Demander à changer de professionnel ou d'établissement
- ☑ Ne pas justifier sa propension à l'ennui
- ☑ Ne jamais mettre la personne sur un piédestal

L'INFIRMIER QUI NE VOUS VEUT PAS (QUE) DU BIEN

L'hôpital est l'un des lieux adorés par les réalisateurs de films d'horreur. Car c'est un espace qui jongle en permanence avec la vie et la mort, mais surtout un endroit où, malades, nous sommes entièrement vulnérables, et plaçons notre confiance entre les mains d'inconnus diplômés dont on espère qu'ils maîtrisent parfaitement leur domaine et qu'ils ont, tout de même, bien envie de nous sauver. Mais imaginez-vous entrer dans ce type d'établissement et en sortir uniquement pour vous rendre à la morgue ? Ou encore rester alité des mois durant, car la dose de médicaments a été volontairement trafiquée par un membre du personnel médical mal intentionné ?

Imaginez qu'un psychopathe, avec une furieuse envie de mettre en pratique ses plus terribles pulsions, rejoigne ce personnel médical. Auriez-vous toujours le courage de vous rendre dans cet hôpital, même avec une jambe en moins ? Et si demain vous aviez le sentiment, la conviction que votre soignant n'est pas bien net, que feriez-vous du fond de votre petit lit tout blanc ? Et qui vous croirait ?

Niels est un gentil garçon[37]. Il grandit dans la ville de Wilhelmshaven, à 100 kilomètres de Brême en Allemagne.

---

37. Ce récit a été réalisé à partir d'articles de journaux, et tout particulièrement Anette Dowideit, « *Wir brauchen Patientenschutz wie in*

Il est apprécié de ses professeurs, il mène une vie simple, il joue au foot avec les amis. Il souhaite, quand il sera grand, faire quelque chose pour aider les autres. Il faut dire qu'il baigne dans le domaine de la santé depuis sa naissance, avec un père et une grand-mère infirmiers. Il envisage de devenir pompier, puis se lance dans la médecine. À la fin des années 1990, il est officiellement infirmier, diplômé et embauché au service Cardiologie de l'hôpital de sa ville natale. C'est un homme sans histoire, un type plutôt sympathique qui mène son petit train de vie sans gêner qui que ce soit.

Mais un double drame le percute de plein fouet : son père est victime d'un infarctus et, presque au même moment, l'une de ses amies décède dans un accident de voiture. Ces deux faits pourraient bien marquer le déclic de cet ange de la mort. Car c'est justement à cette période que les patients de l'hôpital commencent à disparaître par vague et que le nombre de cas de réanimation augmente en flèche. Chose surprenante pour le personnel : ces drames interviennent justement quand Niels est en service. Mais l'infirmier n'est pas accusé. La direction le déplace dans le service Anesthésie qui, soudain, vit lui aussi une augmentation surprenante de cas critiques. L'infirmier est poussé à la porte de l'hôpital. Pourtant, pour lui, ce n'est que le début d'une belle ascension.

Une enquête sans fin

Niels est embauché dans une clinique près de Brême. Là encore, le nombre d'incohérences médicales augmente de manière exponentielle : toujours plus de patients à réanimer.

Großbritannien », *Die Welt*, 2017 ; « *Wie konnte Niels H. mehr als 100 Menschen ermorden ?* », *Schaumburger Nachrichten*, 2018.

Le personnel perçoit que son nouvel employé n'est pas tout propre. On remarque que des médicaments disparaissent dans son sillage. Mais, de nouveau, personne ne l'accuse. Pourquoi ?

Trois ans passent sans que la justice mette un pied dans l'établissement. Mais Niels est finalement surpris par une collègue en train d'injecter à un patient un médicament non prescrit. Quatre ans plus tard, il est enfin condamné à sept ans et demi de prison.

Mais l'affaire fait la une des médias, et rapidement, l'enquête prend de l'ampleur. Des proches de patients décédés brutalement durant cette période contactent la police pour expliquer leur suspicion. Niels avoue : oui, il a fait des piqûres non prescrites à 90 patients. Pourquoi ? Car il s'ennuyait, explique-t-il alors, et souhaitait montrer à ses collègues qu'il maîtrisait parfaitement les techniques de réanimation. Son désir n'était pas tant de tuer d'autres êtres humains, mais de les mener à deux doigts de la mort pour tenter ensuite de les sauver. Il n'a fait aucune différenciation sociale ou physique, de sexe ou d'âge. Son seul critère de choix : des patients dans un état très critique. Le procès s'ouvre alors de nouveau, et Niels est condamné à perpétuité. Aujourd'hui, on estime qu'il aurait pu tuer entre 100 et 200 patients, ce qui fait de lui l'un des plus grands tueurs en série d'Allemagne. De quoi entrer dans les livres d'Histoire.

ZOOM SUR...

Psychopathe et tueur en série, le mariage parfait ?

Niels exalte notre imaginaire hollywoodien dans ce qu'il a de plus terrifiant. S'il n'est pas représentatif de la partie de la population touchée par le trouble antisocial, il reste une figure réelle, meurtrière, qui fait froid dans le dos. Mais quel est le lien entre ce type de criminel sanglant et la psychopathie ?

À ce jour, aucun chiffre ne permet d'avancer un ratio crédible de psychopathes tueurs en série. Le sujet intéresse pourtant les spécialistes : « Les tueurs en série sont en grande majorité des psychopathes prototypiques ayant des scores très élevés sur l'échelle de la psychopathie de Hare, ce qui témoigne d'un dysfonctionnement global touchant le domaine affectif (absence d'empathie, incapacité d'introspection, pauvreté du jugement, incapacité à apprendre des expériences...), interpersonnel (manipulation, mensonge pathologique, fausseté, hypocrisie, incapacité d'aimer, vie sexuelle impersonnelle et peu intégrée...) mais aussi caractérisé par des conduites antisociales répétées (agressions, viols, séquestrations, homicides[38]...). »

Il faut néanmoins éviter l'amalgame et rester mesuré dans l'établissement de ce parallèle, qui a pour seul objectif d'établir le profil de personnes comme Niels, représentant une infime partie des psychopathes.

38. S. Leistedta, N. Coumansa, T.-H. Phamc, P. Linkowski, « Psychopathologie du tueur en série », *Annales médico-psychologiques*, 166, Elsevier, Amsterdam, 2008.

4

Un psychopathe au bureau

PROFIL N° 7

Le boss sans scrupules

Diagnostic – Checklist-Revised

Quels sont les traits principaux de ce psychopathe ?

- ☑ Loquacité et charme superficiel
- ☑ Surestimation de soi
- ☑ Besoin de stimulation et propension à l'ennui
- ☑ Tendance au mensonge pathologique
- ☑ Duperie et manipulation
- ☑ Absence de remords ou de culpabilité
- ☑ Affect superficiel
- ☑ Insensibilité et absence d'empathie
- ☑ Parasitisme
- ☑ Problème de comportement précoces
- ☑ Irresponsabilité

En venir à bout

- ☑ Ne pas se laisser atteindre par les reproches
- ☑ Prendre du recul
- ☑ Ne pas mettre la personne sur un piédestal
- ☑ S'entourer d'autres personnes
- ☑ Se protéger légalement
- ☑ Ne pas culpabiliser
- ☑ Se garder des moments à soi, indépendamment du travail

卌 卌 卌

LE FAUSSAIRE BIEN DÉGUISÉ

Avec un sourire légèrement ingénu, elle écoute patiemment la question du journaliste. Elle semble réfléchir quelques secondes à la réponse la plus pertinente, puis déclame son discours bien rodé : « l'expérience utilisateur, c'est se mettre à la place de l'utilisateur avant de concevoir le produit, puis d'avoir l'expérience de ce produit ». On hausse les sourcils ; cette explication, il faut bien le dire, est d'une implacable logique, mais on s'en doutait un peu déjà. Carrie lance un sourire mutin, s'enorgueillit des compliments voilés de son interlocuteur ; elle est l'une des rares professionnelles en France qui clame sur YouTube être une experte dans ce domaine et, pour le prouver, peut dérouler un CV long comme le bras et clinquant. De quoi impressionner tous les non spécialistes[39].

Asma est entrée chez NumeriPark en 2017. Elle y a vu une opportunité pour développer ses compétences en marketing, l'occasion d'apprendre les rouages du métier, mais aussi de pouvoir dire fièrement avoir participé à l'aventure. Il faut reconnaître que, sur le papier, les promesses sont séduisantes : la société aide les entreprises, avec son expertise poussée, à développer la valeur de leurs projets grâce aux nouvelles technologies et en replaçant l'utilisateur au cœur

39. Les noms des personnes ont été modifiés ainsi que le nom de l'entreprise.

de la démarche. Pour cette jeune designer graphique, c'est la chance de donner du sens à son métier, à sa passion – le dessin –, tout en se spécialisant dans un domaine porteur : l'exploitation des *data*.

Dès le recrutement, elle sent qu'elle entre dans une boîte différente de ce qu'elle a pu connaître jusqu'alors. Devant elle, Carrie, sourire pincé, lui explique que ce n'est pas un entretien d'embauche traditionnel, mais plutôt une *discussion ouverte*. Mais rapidement, l'argument s'étiole. « Asma, NumeriPark a une règle à laquelle je n'autoriserai pas de déroger : ici, nous ne parlons pas dans le dos des gens, nous ne disons pas du mal d'eux. Si quelque chose ne va pas, nous faisons en sorte de régler le problème. Mais la critique n'a pas sa place dans l'entreprise. » La jeune femme acquiesce, sans être complètement sûre de comprendre le message. Mais elle met ses doutes de côté. Après une longue période de travail en free-lance, elle est ravie d'avoir sa place dans un bureau. C'est sécurisant, et stimulant.

Tout coïncide avec ses envies : la boîte veut fonctionner à la manière d'une start-up, jeune et dynamique, mais elle possède déjà un portefeuille client assez épais qui assure une formidable continuité. De plus, Asma partagera le bureau de Carrie, spécialiste UX (*User Expérience*, soit « expérience client »). Elle apprendra forcément beaucoup de choses ! Après tout, sa cheffe est réputée dans le domaine. Elle a même publié un ouvrage sur le sujet.

Ce qu'Asma ne sait pas, c'est que la carrière de Carrie n'est qu'un château de cartes. Elle s'est façonné une réputation au fil des années qui ne repose sur aucune compétence réelle sur le terrain. Elle a lu différents ouvrages d'auteurs anglophones sur la question de l'UX, mais sa grande qualité, c'est avant tout son charisme : une conférence lui suffit à convaincre son public qu'elle est une experte, même si le fond de son discours, pour les spécialistes, est bien souvent creux.

Ses expériences professionnelles ne sont pas un mensonge. Elle a travaillé dans différentes boîtes, d'abord comme consultante, manager, puis directrice. Dans les années 2010, elle a participé à la création de NumeriPark, se réservant au sein de la boîte un poste de cheffe Design UX. En parallèle, elle dispense des enseignements dans différentes écoles de communication. Pour faire évoluer sa carrière, elle a appris à séduire les autres par son discours.

Elle est convaincante, persuasive, sait faire appel aux émotions de ses interlocuteurs quand cela lui est nécessaire. Elle maîtrise assez de termes techniques pour noyer son public. Elle n'est pas brillante, mais sait manipuler son entourage immédiat pour en tirer des bénéfices.

« Ce n'est ni fait ni à faire ! »

Durant ses premiers mois dans la boîte, Asma est ravie. Sa relation avec sa N+1 lui semble saine, le travail est stimulant, les clients intéressants. Mais peu à peu, elle saisit que quelque chose ne va pas. Asma remarque d'abord que Carrie a une tendance à s'adresser plus brutalement aux collaborateurs de sexe féminin : des petites piques innocentes, un agacement dans le ton, les yeux qui roulent au plafond quand l'une de ses salariées présente un projet.

Asma se donne à fond dans le travail. Elle développe ses projets avec passion, analyse la concurrence, cherche des idées novatrices. Mais Carrie ne montre jamais de réelle satisfaction. Aucun encouragement, pas de félicitations. « Tu peux faire mieux », laisse-t-elle entendre à sa protégée. Pour Asma, être à ce niveau hiérarchique est une première : elle est désormais cheffe de projet et doit rendre des comptes aux entreprises dont elle gère les dossiers.

Et, un jour, le premier drame intervient : la jeune femme a travaillé une semaine entière sur une présentation client. La veille au soir, elle vérifiait encore son PowerPoint pour en chasser les fautes et vérifier la cohérence de l'ensemble. Au réveil, elle est prête, quoique un peu stressée. Elle prépare son intervention le matin et déjeune légèrement pour rester en forme lors de la réunion. Vingt minutes avant l'arrivée du client, Carrie réclame de vérifier le PowerPoint. Asma transmet le document avec une certaine réticence, elle n'est plus en état de faire des modifications, elles n'ont plus le temps. Mais Carrie insiste. Elle passe les *slides* les uns après les autres, ponctuant de commentaires inaudibles, de haussement de sourcils, de soufflements agacés. Puis elle observe la jeune femme. « Ça ne va pas du tout. » La phrase est lâchée, Asma se liquéfie. « La présentation n'est pas esthétique. Ce n'est pas pro, pour une boîte de design. Ce n'est ni fait ni à faire, on va droit dans le mur. Le texte est insipide… Que veux-tu démontrer dans ce document ? » Asma sent un énorme poids sur la poitrine, les larmes monter, parvient encore à les retenir. « Franchement, c'est du travail bâclé. Je ne souhaite pas que le client ait cette image de nous. » Ça y est, les larmes coulent, Asma est paniquée, elle ne voit pas d'issue. Elle sait que le quart d'heure restant ne lui permet pas de reprendre la présentation, elle a tout préparé sur le bout des doigts, elle est incapable de recommencer maintenant. Carrie souffle, prend un air las. « Je vais m'en occuper. Au moins, je serai sûre que tu ne raconteras pas n'importe quoi. »

Carrie est une psychopathe. Elle est une manipulatrice invétérée qui sait devoir faire pression sur son équipe pour maintenir son autorité et protéger son poste d'une éventuelle plainte pour absence de compétences. Elle ne prend pas de plaisir particulier à écraser les autres, mais n'éprouve aucun sentiment de culpabilité à le faire. Après tout, c'est elle la cheffe. C'est elle qui dirige. Cette présentation, elle la fera entièrement, sans laisser à Asma la possibilité de s'adresser à son propre client. Elle se reposera sur le PowerPoint de sa salariée en s'excusant platement des fautes restant tout au long des *slides*. En vérifiant une nouvelle fois, Asma n'en trouvera aucune. Sa présentation lui semblera parfaite.

Cette technique, Carrie la reproduit continuellement. Elle vise plus généralement les personnes qui semblent les plus sensibles, ou les moins confiantes, et tourne son discours d'une manière culpabilisante pour que ses salariés se sentent délivrés d'un gros poids. Elle crée ainsi l'archétype du sauveur, l'ange du bureau, au regard de collaborateurs qui oublient trop rapidement que c'est ce même ange qui a créé cette situation problématique. Car Asma s'en est rendu compte : quand sa cheffe est absente des présentations, elle-même est excellente, elle maîtrise son sujet.

Toutes les deux semaines, la cheffe de service a pris l'habitude de faire un point d'étape avec ses salariés. C'est un moment redoutable pour chacun d'entre eux. Ils passent l'un après l'autre dans son bureau, présentent un *reporting* détaillé des deux semaines passées, font l'état des projets en cours, de ceux à venir. Carrie prend des notes, vérifie le calendrier, le respect des échéances, puis prend la parole. Généralement, elle débute avec une mine déconfite qui annonce une mousson de reproches. Elle lève parfois les yeux au ciel, fait mine de s'ennuyer en regardant ailleurs, détaille l'heure sur sa montre, répond à un message sur son portable. Et ses conseils se transforment bien plus souvent en accusations : « Tu es en retard sur ce projet. Penses-tu que ce soit correct pour le client ? Crois-tu vraiment qu'il attende ce type de déploiement pour sa boîte ? Tu penses peut-être qu'il nous paie pour dénicher la première idée trouvée sur Google ? Tu n'as fait que ça, cette semaine ? Pourquoi n'es-tu pas plus investie ? »

En sortant du bureau, Asma s'enferme souvent dans un cabinet de toilette pour pleurer. Mais au fil des années, elle comprend que quelque chose ne tourne pas rond chez sa boss. Elle est épuisée de porter ce stress et cette culpabilité sur ses épaules. Elle fait de nombreuses heures supplémentaires pour produire quelque chose capable de satisfaire sa N+1. Elle est suivie psychologiquement, sent qu'elle est à deux doigts du *burn-out*. Et pour quoi, lui demandent ses proches ? Elle est cheffe de projet, manage une équipe, mais son salaire est proche du SMIC. Elle ne peut même pas avoir la satisfaction de profiter pleinement hors du temps de travail. Elle veut se reprendre en main.

Un jour, à l'occasion de l'une de ses habituelles réunions, elle met les pieds dans le plat. Elle explique posément qu'elle est cheffe de projet, mais n'est pas rémunérée à la hauteur de ses compétences et de son statut. Elle souhaite une augmentation. Un sourire se dessine alors sur le visage de Carrie. « Tu penses pouvoir débarquer comme cela et claquer des doigts ? Ce n'est pas comme ça que ça marche. Tu ne connais rien au monde du travail. Ce n'est pas ainsi qu'on demande une augmentation. Il serait bien que tu commences enfin à respecter les procédures. Fais ce que tu veux, mais je t'annonce de but en blanc que ça n'arrivera pas. C'est très sympa de faire des PowerPoint, mais ce n'est pas ça, le travail d'un chef de projet. Il faut aussi réfléchir, proposer, trouver des solutions. Tu es gentille, je t'apprécie. Mais franchement, tu es encore loin de pouvoir prétendre à plus que ce que tu reçois déjà. Regarde tes collègues : tu penses vraiment être meilleure qu'eux ? Et si les conditions ne te conviennent pas, tu sais où est la porte, je ne te retiens pas. Avec tes petits dessins, tu peux peut-être faire carrière dans une boîte qui exige moins de compétences et de concentration, tu y as pensé ? Réfléchis à ton avenir avant de t'attaquer à plus grand que toi. »

Asma est pétrifiée ; elle sent les larmes monter, elle a envie de quitter le bureau brutalement, de hurler, de disparaître. Elle s'imagine poser sa lettre de démission, veut se cacher sous sa couette. Mais elle perçoit une lueur dans les yeux de Carrie, quelque chose qui la terrifie. Elle sent que sa cheffe prend plaisir à cette situation, qu'elle est aux aguets, qu'elle n'attend qu'un pas de côté pour écraser sa victime. La jeune femme prend sur elle, se force à maîtriser ses émotions. Elle s'attendait à cette stratégie et s'oblige à éclater de rire. Devant ce revirement, Carrie est surprise. Elle baisse les yeux, toussote, bégaie légèrement. « Bon, ce qu'on va commencer par faire, lui explique-t-elle, c'est... Réfléchis à une stratégie de développement de ton équipe, réfléchis à une réorganisation pour gagner en efficacité. » Tout en retenant ses larmes, Asma fait un large sourire et remercie chaleureusement sa cheffe pour ce moment d'échange. « On refait ça quand tu le souhaites », ajoute Carrie avant que la porte de son bureau ne se referme sur elle.

Le lendemain, Asma se met en arrêt maladie, infirmé par son médecin et son psychologue. Elle contacte les ressources humaines de la boîte. La directrice prend note, mais rien n'est fait. Elle contacte l'inspection du travail en l'informant des pratiques de harcèlement moral au sein de la société, mais l'affaire est essuyée par un simple courrier accusant réception. Quelques mois plus tard, Asma est invitée à signer une rupture conventionnelle. Elle refuse, mais attaque l'entreprise en justice. Au moment où ce livre est sous presse, le procès est en cours.

ZOOM SUR…

En haut de la pyramide : votre boss, ce psychopathe

Les instances de pouvoir attirent les psychopathes, mais aussi les positions d'autorité : chef d'entreprise, directeur des ressources humaines, manager… Ce sont autant de postes derrière lesquels il est possible d'imaginer un être sans scrupules. Mais les données sont à prendre avec des pincettes, nous explique Paul Babiak, psychologue spécialisé dans les industries et les organisations de travail.

« J'ai eu des clients dans de nombreux domaines, comprenant la fabrication, publique et privée, le marketing, les sociétés de recherche et financières, les organismes à but non lucratif, les institutions universitaires, les pratiques financières, médicales et juridiques, les forces de l'ordre, les fonctionnaires et autres. Je ne peux pas identifier de domaine qui présente plus de psychopathes que les autres. Étant donné que le taux de base de psychopathie est très faible, il n'est pas possible de déterminer qu'un emploi ou une industrie comprend plus d'individus présentant des caractéristiques psychopathiques que d'autres. Nos recherches sur la vie des psychopathes d'entreprise suggèrent qu'ils sont attirés par les organisations qui subissent des changements chaotiques et qui ont des processus et des systèmes de ressources humaines laxistes, et, surtout, offrent des postes qui ont un accès facile à l'argent et au pouvoir[40]. »

40. Interview menée en octobre 2020 (traduction de l'auteur).

PROFIL N° 8

L'autoritaire

Diagnostic – Checklist-Revised

Quels sont les traits principaux de ce psychopathe ?

- ☑ Surestimation de soi
- ☑ Besoin de stimulation et propension à l'ennui
- ☑ Tendance au mensonge pathologique
- ☑ Duperie et manipulation
- ☑ Absence de remords ou de culpabilité
- ☑ Affect superficiel
- ☑ Insensibilité et absence d'empathie
- ☑ Parasitisme
- ☑ Faible maîtrise de soi
- ☑ Problèmes de comportement précoces
- ☑ Impulsivité
- ☑ Irresponsabilité
- ☑ Incapacité à accepter la responsabilité de ses actes

En venir à bout

- ☑ Ne pas le défier
- ☑ Se protéger légalement
- ☑ Ne pas entrer dans son jeu
- ☑ Se garder des moments pour soi
- ☑ Pratiquer des exercices zen
- ☑ Ne pas culpabiliser
- ☑ Ne pas prendre pour argent comptant ce qu'il vous dit
- ☑ Ne pas assumer les responsabilités de ses actes
- ☑ S'entourer de personnes de confiance

卌 卌 卌

LE FURIEUX CONNARD FURIEUSEMENT COMPÉTENT

Cela fait maintenant quarante ans que Modamedia prospère dans le monde de la communication, avec un portefeuille client peu épais, mais vigoureux. L'agence vit essentiellement de ses prestations auprès d'un gros client, Sonice, une entreprise florissante de services qui a elle-même pour mission principale de développer des projets avec une collectivité territoriale française. Leurs objectifs communs : donner une bonne image de cette administration, mais également être force de propositions quant aux questions portant sur l'innovation en général. Modamedia veut intervenir sur tous les pans de la communication, écrite mais aussi numérique. Les huit salariés de la boîte ont ainsi en charge l'animation des réseaux sociaux, la gestion des sites web et la promotion générale, qu'elle soit institutionnelle ou plus agressive[41].

Victor est responsable de secteur chez Sonice depuis un mois. Arrivé en stage dans la boîte, il a grimpé les échelons doucement et, après une dizaine d'années, est fier d'occuper son nouveau poste. Le pécule n'est pas mauvais non plus. Son rôle est de faire le lien entre Modamedia et la collectivité. Il sera donc fréquemment amené à rencontrer le

41. Les noms des personnes ont été modifiés ainsi que les noms des sociétés citées.

prestataire favori de son entreprise. Comme toute nouvelle mission, il est excité, mais un peu stressé. Il espère que tout se passera bien. Il est d'autant plus perplexe que de nombreuses rumeurs courent dans sa boîte concernant le directeur général de Modamedia : l'homme serait impulsif, colérique et hautain. Il se rassure en se disant qu'il maîtrise parfaitement ses dossiers, et il sait que ce DG ne pourra risquer de perdre son client favori. C'est sa première erreur.

« Vous comprenez ce qu'on veut faire ou vous allez juste exécuter bêtement ? »

Dès son premier rendez-vous avec lui, Victor perçoit que quelque chose ne fonctionne pas normalement. Il a reçu, quelques jours auparavant, une invitation numérique envoyée par une assistante virtuelle. « Je préfère l'intelligence artificielle, lui expliquera le boss de l'agence. Elle fait moins d'erreurs que les humains. » La proposition était sans appel : la rencontre se ferait dans les bureaux de Modamedia ou ne se ferait pas. Le directeur n'avait que peu de temps à lui accorder, moins encore pour se déplacer.

Après une dizaine de minutes dans le hall d'attente, Victor voit arriver vers lui un jeune homme avenant, sourire aux lèvres. Il semble doux et compréhensif. Il se présente comme le directeur adjoint de l'entreprise. « Monsieur le Directeur est encore en rendez-vous, explique-t-il posément. Il vous recevra dans peu de temps. Vous pouvez patienter dans mon bureau. » Pourtant, quelque chose ne semble pas naturel à Victor ; il y a un je-ne-sais-quoi de glaçant dans son ton et une raideur dans son corps qui le refroidit immédiatement. Mais Victor est un professionnel, les impressions sont parfois trompeuses.

Il attend de nouveau une dizaine de minutes, cette fois assis sur une petite chaise dans le bureau exigu de l'adjoint. Il y règne une ambiance de mort ; aucun des collaborateurs qu'il voit circuler ne lui adresse le moindre mot. Le jeune homme lui-même semble immergé dans la lecture d'un mail ou d'un dossier sur son ordinateur. Victor est mal à l'aise.

Il pénètre enfin dans le bureau du chef, suivi par l'adjoint. Un homme d'une cinquantaine d'années est assis tout au bout d'un large bureau, sur un fauteuil plus grand et plus haut que les chaises dispersées autour de la table. Il semble perdu dans ses pensées, puis déplace son regard sur Victor. L'espace d'une seconde, le représentant de Sonice a le sentiment d'être froidement disséqué par une machine. Le manque d'expression qu'il lit dans ces yeux s'efface brutalement pour laisser place à une douceur déstabilisante. Avec un grand sourire, le boss se lève et tend la main. « Enchanté, je m'appelle Ivan, je suis le directeur général. Je vous remercie d'être venu jusqu'ici. Asseyez-vous, je vous en prie. » Il désigne une chaise un peu éloignée de lui. « Vous êtes donc notre nouveau représentant chez Sonice. Je tiens à vous avertir dès à présent : il y a beaucoup de travail, il faut être très investi pour faire les choses bien. Votre prédécesseur n'était pas à la hauteur. J'espère que vous tiendrez plus longtemps que lui. »

La salle est embuée par un silence pesant. Instinctivement, Victor a bien envie de répondre qu'il n'est pas son chef, mais il tient absolument à ce que la réunion se déroule bien. Il baisse les yeux, cherche ses mots, rougit légèrement par frustration, et répond posément qu'il fera de son mieux pour représenter Sonice, bien sûr, mais surtout la collectivité. Qu'en travaillant main dans la main et avec intelligence, les deux boîtes seront à même de faire du très bon boulot. Le directeur hoche légèrement la tête. Il semble satisfait.

Cinq personnes s'assoient autour de la table ; Victor observe alors le directeur se métamorphoser. Il paraît gonfler, devient tout rouge, les yeux fixes, la bouche entrouverte laissant admirer sa rangée de dents alignées comme des crocs. Il se met à hurler sur son équipe : « Pourriez-vous montrer un peu plus de motivation à faire votre travail ? La réunion devait commencer il y a sept minutes, vous êtes en retard ! Vous ne savez pas utiliser un agenda, ou c'est simplement que vous êtes parfaitement incompétents ? » Nouveau silence mortel. Personne ne répond, les salariés observent leurs chaussures. « Vous n'avez rien à dire pour votre défense ? » Il fusille l'assemblée du regard, à la recherche d'une paire d'yeux assez courageuse pour défier la bête. Mais le silence règne. « Maintenant que tout le monde est là, nous allons *enfin* pouvoir commencer la réunion. Thomas, présentez vos missions actuelles à Victor, cela pourra l'intéresser. » Le dénommé lève un regard de terreur et le pose sur le représentant de Sonice qui tente un sourire de soutien.

« Bonjour, monsieur. Je travaille sur le site Internet de Modamedia. Je gère tant le *front-office* que le *back-office*. Nous sommes en train de nous pencher sur l'intérêt d'une refonte entière du site en vue d'attirer un public plus large…

— Ce n'est pas du tout ça, le coupe le directeur avec agressivité. Thomas est responsable *web content* et design. Il a pour tâche la vérification *systématique* de chaque contenu sur le site, l'encadrement des rédacteurs contributeurs, et il participe en effet au projet de refonte. Mais l'objectif *n'est pas* d'attirer un public plus large, simplement de répondre aux besoins de la population. Thomas, je vous rappelle que vous travaillez *pour les autres*. Il serait temps que vous preniez conscience de vos responsabilités. »

Nouveau silence. Victor a envie de fuir cet enfer. Mais il doit rester jusqu'au bout de la réunion. Sa carrière en dépend. « Bon, je vois que personne n'est réveillé, ajoute le directeur. C'est de nouveau moi qui vais diriger cette réunion. Victor, soyons concrets. Sonice possède une position agréable de gendarme. Ce n'est pas une critique, bien sûr. C'est une réalité. C'est nous qui faisons le boulot et vous vous contentez de faire le relais. Autant dire que nous pourrions travailler sans vous. Mais la situation est ainsi. J'attends donc de votre part un minimum de sang-froid. Je suis certain que vous en êtes capable. Et, cela va sans dire, une discrétion absolue. Nous nous débrouillons mieux quand Sonice ne fourre pas son nez partout. C'est un intérêt commun, bien entendu. Vous récoltez ce qu'on sème. »

De retour dans son agence, Victor prend immédiatement rendez-vous avec son N+1.

« Nous ne pouvons pas travailler avec une agence de ce type. La direction est monstrueuse.

— Victor, cela fait six ans que nous travaillons avec eux. Prends le temps qu'il te faut pour te mettre dans l'ambiance. Mais cette collaboration est importante pour Sonice, il faut absolument éviter tout problème.

— As-tu rencontré ce type ?

— Plusieurs fois, oui. Mais la question n'est pas là. Tu es dans la cour des grands, maintenant. Ce type est un ponte. Il est inattaquable. Il est lié à des noms que tu n'imagines pas…

— Dans la politique ?

— Dans la politique. C'est plus qu'un protégé. Il est l'ancien conseiller du président de l'agglo. Il a construit sa carrière sur ses relations. Il est intouchable. C'est un connard, c'est vrai, mais il connaît son métier. Il est compétent. Fais de ton mieux. Mais ne perds pas ce contrat. »

De semaine en semaine, les réunions se poursuivent : point refonte du site internet, présentation de la communication institutionnelle pour tel événement, mise en valeur du soutien numérique, recherche de partenaires… Les sujets ne manquent pas. Et Victor reste en retrait, anxieux à l'idée qu'il pourrait perdre son emploi. Pourtant, le stress change peu à peu de forme et puise dans une autre peur : celle, inimaginable, de l'autorité. Il prend en note les horreurs et absurdités énoncées en réunion d'équipe, à son encontre ou à l'encontre des salariés de Modamedia. La liste ci-dessous n'en est qu'une courte sélection.

> 03/09. *Les Japonais aiment quand on parle leur langue.*
>
> 18/09. *Il ne faut pas qu'on soit intégriste dans notre ouverture.*
>
> 23/10. *Les juifs sont quand même les meilleurs commerçants sur le marché.*
>
> 25/10. *Vous avez gardé les gâteaux en juif ?*

09/11. C'est une femme ; elle a le temps de lire.

14/11. Ça fait trente ans que je travaille ici et je méprise toujours autant les fonctionnaires.

05/12. Heureusement que je suis diplomate, sinon, avec vos conneries, on se serait déjà fait virer.

20/12. Mon assistante numérique est toujours aussi bête.

30/01. Son plan climat, elle peut se le foutre au cul.

09/02. Soit vous n'avez rien à faire dans votre travail, soit vous êtes complètement cons.

28/02. Vous pouvez exécuter mes ordres, mais vous avez aussi le droit de réfléchir par vous-mêmes.

28/02. Vous comprenez ce qu'on veut faire ou vous allez juste exécuter bêtement ?

28/02. On peut essayer d'avoir une réflexion intelligente ?

15/04. Nous entrons dans une période difficile. Il faut que vous gardiez en tête que les autres ont raison et qu'on s'écrasera devant eux.

14/05. Ces réunions, je pourrais vous y envoyer finalement : elles sont tellement tristes !

06/06. Pourquoi demander aux autres un document dont je dispose ? Vous nous ridiculisez.

26/07. L'environnement, je m'en fous ; ce qui compte, c'est la lutte contre le changement climatique.

20/09. Je ne suis pas du tout religieux, mais j'ai tendance à penser qu'une bonne sœur ne ment pas.

Victor passe désormais plus de temps chez son client que dans son propre bureau. Il cumule les heures supplémentaires pour finaliser ses projets du mieux possible. Il est épuisé, se questionne sur ses objectifs, sur les raisons qui l'ont poussé à accepter cette mission, et ne perçoit plus d'autres issues. Le médecin confirme le diagnostic : il fait une dépression. Quand le professionnel lui demande comment se passe le travail, il fond en larmes. Il est donc mis sous antidépresseurs.

Mais l'ambiance chez Modamedia ne s'arrange pas. Le directeur n'est jamais satisfait. Il est humiliant, change brutalement d'humeur, sans raison apparente. À un certain moment, Victor se demande s'il n'est pas tout simplement alcoolique. Ce n'est pourtant pas la seule explication. Quelque chose lui échappe.

Et pour cause : Igor est un psychopathe. Et, en tant que tel, il aime diriger, commander, manipuler autrui à son avantage. Il n'a pas d'empathie pour les autres, moins encore pour ses propres collaborateurs qu'il considère comme étant à son service. Il n'avouera jamais avoir tort, préférant se retrancher dans des arguments absurdes, et ne considère pas une seule fois les conséquences de ses actes. Sauf, bien sûr, quand cela le met à son avantage. Igor n'est pas *socialement normal*, et il dédaigne ouvertement son entourage. Les seules personnes qui trouvent grâce à ses yeux occupent des postes de direction, de préférence hiérarchiquement plus élevés que le sien. Il s'amuse beaucoup quand son interlocuteur lui répond sur le même ton et simule, dans ces situations, un respect appuyé à son encontre. Mais il est tout à fait capable de les détruire psychologiquement. Et il le sait.

Sa stratégie professionnelle n'est autre que de parvenir à s'entourer de recrues de talent, encore trop peu expérimentées pour oser une confrontation directe, mais assez sensibles pour qu'il parvienne à les écraser. De cette manière, Igor a une emprise totale sur elles et peut briller au regard de l'agglomération pour le travail exécuté avec brio.

Victor travaillera durant trois ans pour Modamedia. Il cumulera les arrêts maladie, absorbera pas mal de médicaments et sabrera enfin le champagne quand on lui proposera de changer de mission. Pour autant, et malgré une thérapie, l'homme ne parviendra pas à retrouver sa confiance en soi, tiraillé par les doutes quant à ses compétences et sa personnalité. Il ne comprendra que deux ans plus tard à quel point cette expérience fut traumatique. Igor, quant à lui, est toujours directeur de Modamedia. Et il n'a évidemment pas changé.

ZOOM SUR...

L'impulsivité, au cœur du trouble antisocial ?

La recherche de l'autorité est l'un des traits marquants des psychopathes. Igor en est l'exemple parfait. Cet ascendant sur autrui peut s'expliquer, en partie tout au moins, par l'impulsivité, c'est-à-dire un comportement « sous la poussée d'une force irrésistible, en l'absence de toute volonté réfléchie[42] », sans envisager les conséquences de ses actes. Et si c'était en fait cette impulsivité qui dirigeait l'ensemble des comportements asociaux des psychopathes ?

42. « Impulsif », définition du *Dictionnaire Larousse*, 2021.

Camille Grégory-Delcampe, psychiatre française, a été amenée à étudier la question[43] : « Le psychopathe est souvent décrit comme un individu impulsif qui utilise le passage à l'acte explosif lorsqu'il est dépassé par ses émotions qu'il ne réussit pas à exprimer autrement. L'impulsivité et le faible contrôle comportemental retrouvés chez le psychopathe seraient tous deux impliqués dans la survenue des comportements antisociaux et plus généralement, dans toute forme de violence ou d'agression réactive mais aussi préméditée, en association avec d'autres caractéristiques déjà évoquées telles que le manque d'empathie, le déficit émotionnel [...]. Nous sommes amenés à penser que l'impulsivité influence le passage à l'acte du psychopathe et sa fréquence de survenue, sans toutefois jouer sur le degré de violence qui serait plutôt en lien avec la recherche de sensations, caractéristique de ces individus. »

43. Camille Grégory-Delcampe, *Impact du degré d'impulsivité sur le passage à l'acte violent dans la psychopathie*, thèse pour le diplôme d'État de Docteur en médecine, mémoire du diplôme d'Études spécialisées de psychiatrie, présentée et soutenue publiquement le 9 octobre 2017 à Poitiers.

PROFIL N° 9

La fausse victime

Diagnostic – Checklist-Revised

Quels sont les traits principaux de ce psychopathe ?

- ☑ Loquacité et charme superficiel
- ☑ Surestimation de soi
- ☑ Tendance au mensonge pathologique
- ☑ Duperie et manipulation
- ☑ Absence de remords ou de culpabilité
- ☑ Affect superficiel
- ☑ Insensibilité et absence d'empathie
- ☑ Parasitisme
- ☑ Absence d'objectifs réalistes à long terme
- ☑ Impulsivité
- ☑ Irresponsabilité
- ☑ Incapacité à accepter la responsabilité de ses actes

En venir à bout

- ☑ Ne pas entrer dans son jeu
- ☑ Refuser d'office les politiques d'entreprise illégales, ou anormales
- ☑ Ne pas essayer de le séduire à travers le travail
- ☑ Ne pas essayer de le sensibiliser par les émotions
- ☑ Ne pas excuser son attitude
- ☑ Ne pas culpabiliser
- ☑ Ne pas se laisser leurrer par ses crises de larmes
- ☑ Garder du temps pour soi

卌 卌 卌

LA BOSS QUI PLEURAIT UN PEU TROP

Dans la maison, c'est un peu la fête. On garde le pétillant pour la fin de contrat, mais on va tout de même célébrer l'occasion. Ce n'est pas tous les jours que *la petite* décroche un stage, plus encore dans une boîte réputée dans le domaine. Fanny est aux anges. Elle sait que le secteur est bouché, mais cette opportunité l'amènera peut-être – elle l'espère – à signer un vrai contrat de travail et, avec un peu de chance, à durée indéterminée ! Elle sait qu'elle doit faire ses preuves ; les enseignants l'ont assez rabâché et son microréseau professionnel le lui prouve chaque jour. Mais durant six mois, elle aura la possibilité de dévoiler ses compétences, d'autant plus qu'elle travaillera sur des projets emblématiques et fondamentaux pour la maison, sa directrice éditoriale le lui a confirmé. Elle sera formée par un senior et interviendra directement sur l'apprentissage réformé. Autant dire qu'il y a tout à réinventer. Et c'est très excitant[44].

Fanny a 21 ans. Elle est venue s'installer à Paris, dans un petit appartement en colocation, pour suivre ses études. Elle entend travailler comme éditrice, mais n'est pas encore certaine du domaine qui l'intéresse. Le secteur de l'éducation est une opportunité. Tout le monde l'affirme : « Si tu as

44. Ce récit a été construit à partir de différents témoignages. Les noms des personnes et de la société ont été modifiés.

travaillé dans l'édition scolaire, tu peux travailler partout. » C'est un peu effrayant, certes, mais très stimulant.

La maison d'édition qui a accepté son profil existe depuis quatre-vingts ans. Elle a donc une assise et une notoriété qui permettront à son CV de se démarquer lors de ses futures candidatures. De retour dans la capitale, après le week-end familial, elle fêtera aussi l'embauche avec ses colocataires, une belle manière de clore ce dimanche festif avant d'entamer une nouvelle vie, ce lundi.

Fanny pourtant est loin d'imaginer dans quoi elle s'apprête à mettre les pieds. Le pôle dans lequel elle sera missionnée a déjà fait l'objet de multiples plaintes en interne, et ce depuis de nombreuses années. La direction est au courant, les ressources humaines sur le qui-vive. Mais personne n'ose mettre un pied dans la jungle. Après tout, l'économie est florissante ; il est sans doute plus simple de laisser la bête dans la caverne décimer ses proies.

Le lundi, Fanny arrive en avance. Elle est heureuse, mais également stressée. De nouveaux visages, de nouvelles missions, cela a de quoi en perturber plus d'un. Elle se rassure en se rappelant qu'on lui a enseigné le savoir, et qu'un responsable achèvera sa formation. Elle fera des erreurs, certes, mais qui n'en fait pas ?

Cinq éditeurs se partagent l'espace, chapeautés par la directrice éditoriale qui sort souvent de son bureau pour vérifier l'avancée des projets. Deux autres stagiaires ont été embauchés sur le même plateau. Sa responsable attitrée, Muriel, est douce et souriante. Dès le début de la journée, elle s'est excusée pour son manque de temps. « Je dois avancer plusieurs projets en parallèle, je ne vais pas pouvoir m'occuper beaucoup de toi aujourd'hui. Mais je vais te donner de petites missions qui te permettront de te mettre dans le bain. » Fanny en est ravie : une première journée calme la rassure, elle manque encore d'assurance et n'a pas une grande confiance en elle.

Elle perçoit pourtant rapidement que quelque chose se trame. Une tension est palpable, mais elle n'en saisit pas l'origine. Elle évacue le sentiment en songeant que les guerres internes ne la concernent pas. Elle n'a rien à se reprocher. Elle se sent néanmoins mal à l'aise et ne comprend pas pourquoi. La directrice éditoriale arrive devant son bureau et lui décroche un grand sourire. Fanny se dit qu'elle semble être un manager sympathique. Elle passe derrière son écran d'ordinateur et se place juste à sa gauche, tout près de la jeune femme. La proximité n'est pas très engageante, et Fanny se sent littéralement pétrifiée. « Sur quoi travailles-tu ? Tu avances sur le manuel ? Tu as commencé la préparation de copie ? Il serait bien de terminer les deux premiers chapitres avant notre réunion avec les auteurs, mercredi. » Elle observe Muriel et la questionne, avec un large sourire, « Tu es sur quoi ? Tu lui as donné du travail ? », puis reporte son attention sur Fanny : « Je suis ravie que tu aies rejoint l'équipe, nous allons bien travailler ensemble. Cette année est particulièrement importante, car nous devons nous démarquer des autres éditeurs. Il y aura du travail, et j'attends de toi que tu aies les épaules pour porter tout cela. » Fanny ne sait que répondre. Elle veut faire bonne impression, mais cette première discussion la tétanise. « Je vais donner le meilleur », finit-elle par lâcher, sans trop savoir ce que cela suppose. « Il faudra apprendre à te dépasser. Mais bon, c'est pour ça que tu es là, n'est-ce pas ? » Elle sourit de nouveau, puis quitte l'espace.

À la fin de la journée, Fanny ne sait plus que penser. Ces huit heures de travail ne se sont pas mal déroulées. Elle sent cependant une boule dans son estomac, comme si son corps tentait de lui envoyer un signe. Mais un signe de quoi ?

Marie est dans le milieu éditorial depuis vingt ans. Après une formation et de premières expériences plutôt réussies dans le marketing, elle a décidé de cibler davantage ses attentes pour faire évoluer sa carrière. Son objectif : un poste haut placé. Le salaire l'intéresse, certes, mais elle est surtout stimulée par l'encadrement humain. Elle a pu s'exercer sur plusieurs apprentis, et sait désormais quelle voie emprunter. Le piston aidant, elle a embrassé une carrière de directrice éditoriale et n'a cessé de grimper dans la maison depuis un peu moins de dix ans. Elle a dû se battre pour cela, dénoncer quelques collègues, jouer sur l'empathie auprès de la direction. C'était d'autant plus important qu'elle n'a jamais été formée à l'édition ; elle ne sait pas mener une préparation de copie, n'est pas une spécialiste de la grammaire, fait des erreurs basiques en mathématiques, n'a aucun sens esthétique... Elle a appris à s'entourer de personnes compétentes pour pallier ses manquements. Et jusqu'ici, elle mène son cheval de bataille comme un véritable soldat. Après tout, c'est *elle*, la cheffe. Ce sont *ses* résultats qui seront mesurés. Les éditeurs qu'elle manage n'auront donc pas d'autres choix que de suivre ses directives. C'est tout l'avantage du secteur éditorial : les offres de postes étant plus que rares, personne n'osera s'ériger contre son autorité.

Quand elle rencontre Fanny pour la première fois, elle se dit immédiatement que la jeune femme fera parfaitement l'affaire. Un peu réservée, rougissant facilement, elle sera facile à diriger. Marie sait que la production des manuels est longue, elle doit compter sur un personnel capable de sacrifier ses soirées et ses week-ends, des gens dont la première réaction ne sera pas de réclamer un dû ou de rattraper leurs heures. C'est la raison pour laquelle elle aime tant les stagiaires. *Aimer*, sans doute, est un terme trop fort. Car Marie n'*aime* pas. Elle ne ressent pas d'émotions à leur encontre. Elle *aime* seulement ce sentiment de jouissance qui accompagne la réaction en chaîne de son autorité. Elle *aime* arriver à ses fins, et plus encore observer ses subordonnés s'épuiser à la tâche pour le travail, pour *elle*.

Marie est psychopathe. Elle n'a pas de conscience. Elle a appris avec le temps qu'il est aisé de faire faire aux gens ce qu'elle désire. Elle les manipule avec brio. Comme un jeu de rôle dont elle constitue le maître. Et elle a pour ce faire plusieurs armes dans la manche. Sa plus grande force, c'est sa capacité à user des émotions des autres à son avantage. Elle sait pleurer sur commande, elle sait se mettre dans des colères noires, elle sait faire pleurer les autres et les humilier. Quand elle se trouve face à un mur, elle emploie son argument fallacieux : « Nous sommes tous une grande famille, et nous voulons tous la voir prospérer ; peut-être n'es-tu tout simplement pas à ta place », achevant par ce moyen son interlocuteur tout en gardant une image maternelle, protectrice. Mais le monde du travail n'est pas une famille, et la vie de famille n'est de toute façon pas supposée reposer sur la manipulation.

Pour absorber ses victimes, elle a compris qu'elle pouvait utiliser son physique. Elle ne correspond pas aux canons de beauté actuels. La naissance de sa fille a profondément marqué son corps ; ses hanches sont épaisses, son menton se décolle en deux plis qui se renforcent avec le temps, ses bras sont gras. Sa petite taille n'arrange rien. Elle accuse la grossesse pour cette déformation naturelle, qui s'ajoute à sa petite taille. À cela s'ajoutent les boutons de fièvre qui poussent, turgescents, quand elle renforce le rythme de travail. Mais elle a compris qu'en cumulant un physique ingrat à une façade sur-émotionnelle, elle accapare ses proies. Elle se lave ainsi rarement les cheveux pour qu'ils gardent une apparence grasse. Elle choisit souvent des vêtements vieillots, ou trop grands, qui ne mettent pas en valeur ses attraits. Son objectif : provoquer la pitié et jouer ainsi sur l'empathie de ses collaborateurs.

Fanny, elle, est loin d'imaginer ce qu'est sa N+2. Elle la trouve au contraire douce, humaine, chargée d'émotions – trop, sans doute. Quand elle la voit pleurer, cela lui fend le cœur et la transit de culpabilité, même si le dossier ne la concerne pas. Quand elle est ciblée par ses reproches, elle en ressent de violents maux de ventre avant de fondre en larmes en privé. Mais elle tient bon, car elle sait que l'édition est un milieu difficile, on le lui a assez répété.

« Il faut tout revoir. Tout ! »

La vitesse s'accélère quand Marie décide une réorganisation du personnel. Fanny ainsi que les deux autres stagiaires se voient offrir un contrat de travail pour accompagner la production des manuels. En tant qu'éditrice junior, la jeune femme aura plus de responsabilités ; elle doit prouver, lui explique Marie, qu'elle est apte à rejoindre cette grande famille. Finis les départs du travail à 18 heures, songe Fanny.

Finis les week-ends de repos. Le salaire n'est évidemment pas à la la hauteur des exigences, mais ce premier emploi la ravit, c'est une belle opportunité.

Le samedi suivant, Fanny décide de se rendre au travail malgré un gros rhume pour avancer quelques dossiers. Quand elle la voit arriver, Marie l'embrasse chaleureusement, puis l'observe avec un certain effroi : « Tu n'es pas malade, si ? On ne peut se permettre d'être malade durant cette période, tu sais, la production est plus importante. » Fanny est bouche bée. « Je préfère vraiment que tu restes chez toi plutôt que risquer de contaminer les auteurs. On ne voudrait pas qu'ils soient alités, ce serait vraiment mauvais pour nous. » Sous la pression, Fanny emporte les dossiers à la maison.

La semaine suivante, elle est convoquée dans le bureau de la cheffe. Quand elle entre dans la pièce, Marie est assise, le regard dans le vide. « Vous souhaitiez me voir ? », demande-t-elle avec crainte. Le regard de sa N+2 glisse vers elle, et laisse place à un grand sourire. Elle lui explique qu'elle est encore jeune, mais qu'elle possède les capacités d'une future excellente éditrice. Il suffit qu'elle travaille un peu plus, qu'elle s'organise mieux, qu'elle soit en lien permanent avec les auteurs. C'est à ce moment que le téléphone de la cheffe sonne. Marie décroche en signifiant à Fanny, d'un geste de la main, de rester assise. La conversation dure quelques minutes. La responsable raccroche, son visage devient soudain impassible, son regard se perd de nouveau dans le vague. Puis elle enfouit la tête entre ses deux mains, sans un bruit. Fanny est pétrifiée. La cheffe se lève, se place face à la fenêtre et garde cette position quelques secondes, sans parler. Elle se tourne alors vers Fanny ; ses joues sont creusées de larmes, une goutte coule de son nez, ses lèvres tremblent. « Je ne vais jamais y arriver, jamais. » Et elle pleure de plus belle. « Fanny, occupe-toi d'appeler chaque auteur pour leur demander de venir en réunion ce soir impérativement. Il faut qu'on les ait, même s'ils te disent qu'ils ne sont pas disponibles. C'est urgent. Il faut tout revoir. La construction méthodologique. Le sommaire du manuel. Tout. » Fanny sort du bureau, choquée, et court vers son téléphone. Un quart d'heure plus tard, gênée, elle toque à la porte du bureau de Marie : « Je ne parviens pas à joindre le directeur de collection. Auriez-vous son numéro de mobile ? » La cheffe ouvre la porte brutalement et fait un grand sourire à la jeune femme. Ses yeux sont secs, son visage a retrouvé ses teintes habituelles. « Mais bien sûr, Fanny. Entre dans le bureau, nous allons l'appeler ensemble. » Fanny ne comprend pas ce revirement. Elle ressent de nouveau des douleurs dans le ventre et une vague envie de pleurer.

Ce manège durera neuf mois, une période très longue aux yeux de Fanny, au cours de laquelle elle obtiendra un pot-de-vin non officiel de Marie : « J'ai pris ces 100 euros de mon propre compte pour te montrer que je crois en toi. Cela t'aidera, pour faire tes cadeaux de Noël. Mais n'en parle surtout à personne, et pas aux ressources humaines ! » Sans s'en apercevoir, Fanny cumulera plusieurs fiches de poste à la fois, sans avoir l'occasion de négocier un avenant à son contrat de travail, sans nouveau salaire ni rétribution pour les nombreuses heures supplémentaires. Elle deviendra la secrétaire particulière de Marie, se chargeant de ses commandes de repas, des relations avec les restaurateurs pour les réunions avec les auteurs – même sans y participer. Elle prendra le rôle de distributeur en amenant de ses seules deux mains une immense pièce montée de macarons que la boulangerie ne pourra pas livrer. « Je te donne ma carte bancaire personnelle, lui expliquera Marie dans un demi-sourire. J'ai entièrement confiance en toi. »

Fanny travaillera sur plusieurs manuels en parallèle, interviendra sur des ouvrages qu'elle ne pilote pas, se chargera de poster les épreuves papier à une cinquantaine d'auteurs pour le compte de ses collègues, restera souvent le soir, arrivera tôt le matin, n'aura que peu de week-ends et, quand elle s'octroiera quelques moments de détente, culpabilisera en pensant perdre du temps.

Quelques semaines avant la fin de son contrat, elle demande un rendez-vous avec Marie. Le mail, réitéré trois fois, restera sans réponse. Lors de son dernier jour, elle décide donc de toquer au bureau de sa responsable pour évoquer la suite, envisager de pérenniser son poste. Marie l'accueille alors tout sourire, avant de lui expliquer posément qu'il n'y a pas de place pour une nouvelle éditrice et qu'elle n'est de toute façon pas certaine que Fanny soit assez motivée pour rejoindre cette grande famille. « La solidarité est fondamentale, et il faut savoir se dépasser. Je ressens que tu n'es pas prête à ce type de sacrifice pour le moment. Mais, bien entendu, si un poste se libère, nous penserons à toi. Es-tu autoentrepreneur ? Penses-y, nous pourrions te proposer divers projets, cela te conviendra peut-être mieux. »

En quittant la maison d'édition, Fanny ressent un malaise immense. Elle envisage de changer de métier, mais se promet en tout cas de ne jamais retravailler dans le secteur scolaire. Elle pleure souvent, se demande si elle est réellement compétente, si l'éditorial est fait pour elle.

Elle met cinq ans à comprendre que le problème ne vient pas d'elle. Entre-temps, elle intègre une nouvelle entreprise, dans un autre secteur d'activité, et découvre que la vie professionnelle n'a pas nécessairement à être aussi difficile. À l'occasion du Salon du livre annuel, elle discutera avec d'anciens collègues de la maison et s'entendra relativiser les actions de sa responsable : « C'est triste, mais au fond, c'est elle qui souffre le plus dans cette histoire. Elle ne s'aperçoit pas qu'elle manipule les autres, qu'elle peut être monstrueuse. Au fond, elle n'est pas méchante. Elle me fait pitié. »

Marie, elle, restera six ans à son poste avant d'être remerciée par la direction pour une mauvaise gestion de son personnel. Elle montera sa propre boîte et tentera d'y attirer ses anciens collaborateurs. Aujourd'hui, elle travaille avec cinq d'entre eux. Et personne ne s'est plaint. Officiellement, en tout cas.

ZOOM SUR…

Psychopathie et culpabilité

L'une des forces d'une majorité de psychopathes est de parvenir à faire culpabiliser leur victime, une corde sensible qui constitue l'un de nos traits principaux. Mais comment fonctionne la culpabilité ? Et pourquoi les psychopathes en sont-ils dénués ?

Ce sentiment, une émotion « sociale », par opposition aux émotions « primaires » (joie, surprise, dégoût, colère, tristesse[45]) est une réponse de notre organisme à une situation qu'il

45. Achille Weinberg, « L'alchimie des émotions », *in* Jean François Dortier (dir.), *Le Cerveau et la Pensée, Le nouvel âge des sciences cognitives*, éditions Sciences humaines, Auxerre, 2014.

interprète comme moralement inacceptable. L'amygdale pourrait jouer un rôle important dans l'expression de cette émotion[46].

Une étude menée en 2015 par l'université de Monarsh, en Australie, a en outre démontré que, dans certains cas, une région spécifique du cerveau était activée, le cortex orbitofrontal, qui joue un rôle dans les émotions et la prise de décision. Selon cette étude, cette zone resterait inactive quand la situation donnée, par exemple le meurtre, est jugée légitime par le sujet. Une lésion de ce cortex « entraîne une série de modifications comportementales parmi lesquelles on relève l'apparition de traits caractéristiques de la personnalité antisociale : impulsivité, irresponsabilité, absence de conscience sociale, manque d'empathie, investissement excessif dans la recherche des plaisirs. Des expressions émotionnelles déconnectées du contexte social, des émotions perturbées telles qu'euphorie, irritabilité, exubérance, sensibilité excessive, sont également observées [...]. Si les lésions s'installent à l'enfance, elles peuvent produire de redoutables psychopathes susceptibles de transgresser toutes les règles, sans culpabilité et sans empathie pour leurs victimes[47]. »

La chimie du cerveau mise à rude épreuve pourrait ainsi expliquer les comportements de certains psychopathes dans des situations où la majorité d'entre nous ressentirait cette émotion ; en l'interprétant instinctivement comme négative, nous agissons d'une façon qui nous semble moralement acceptable. À l'inverse, les personnes antisociales, dénuées de culpabilité, doivent faire un effort intellectuel pour interpréter cette même situation.

---

46. *Ibid.*

47. Françoise Lostra, « Le cerveau émotionnel ou la neuroanatomie des émotions », *Cahiers critiques de thérapie familiale et de pratiques de réseaux*, 2002/2, n° 29.

5

Votre rencard, ce psychopathe

PROFIL N° 10

L'amoureux transi

Diagnostic – Checklist-Revised

Quels sont les traits principaux de ce psychopathe ?

- ☑ Loquacité et charme superficiel
- ☑ Besoin de stimulation et propension à l'ennui
- ☑ Tendance au mensonge pathologique
- ☑ Duperie et manipulation
- ☑ Absence de remords ou de culpabilité
- ☑ Affect superficiel
- ☑ Insensibilité et absence d'empathie
- ☑ Parasitisme
- ☑ Promiscuité sexuelle
- ☑ Problèmes de comportement précoces
- ☑ Absence d'objectifs réalistes à long terme
- ☑ Impulsivité
- ☑ Irresponsabilité
- ☑ Incapacité à accepter la responsabilité de ses actes

En venir à bout

- ☑ Fuir
- ☑ Ne pas culpabiliser
- ☑ Ne pas se laisser happer par ses émotions
- ☑ Ne pas excuser son comportement
- ☑ Appliquer la « règle des trois[48] »
- ☑ Garder la tête froide
- ☑ Ne pas se laisser séduire par ses compliments
- ☑ Ne pas céder à la pression sexuelle

48. Lire en page 32.

LE PRINCE CHARMANT QUI NE L'ÉTAIT PAS

Le récit qui suit est une histoire d'amour, une belle romance rythmée par les mots tendres, les caresses au creux des oreillers et les promesses de lendemains heureux, peuplés de joyeux marmots et d'autres projets heureux. Tout a commencé sept mois auparavant. Il faisait beau sur Paris. Le premier confinement n'avait pas encore débuté, et l'avenir promettait bien des surprises. Ludivine n'imaginait pas à quel point.

La jeune femme occupait un emploi dans un hôtel de la capitale. Autant dire qu'elle travaillait beaucoup et manquait de temps pour faire de nouvelles rencontres. Elle sortait d'une relation compliquée de douze ans. Son ancien compagnon était probablement dépressif depuis l'adolescence, se disait-elle, et n'avait jamais reçu le moindre traitement. Il avait donc progressivement troqué ses crises par la bouteille et passait plus de temps à remplir une grille qu'à chercher un travail. Ludivine avait pris sa décision un jour, quand elle avait réalisé qu'elle déambulait avec d'énormes œillères : son petit ami ne lui avait jamais déclaré sa flamme, pas même un simple *je t'aime*. C'en avait été trop pour elle.

Leur rupture avait été chaotique, faite de larmes et de reproches. Cela se comprend : ils avaient grandi ensemble, s'étaient construits ensemble et s'imaginaient difficilement vieillir séparément. Le bagage était lourd et peu satisfaisant. Mais au bout de quelques mois, une nouvelle relation en était née, plus respectueuse, plus saine. Ludivine était ravie. Elle sentait néanmoins qu'elle était émotionnellement fragile. Il faudrait du temps avant de faire confiance à un homme à nouveau.

À la suite de cette histoire, elle s'inscrit pour la première fois sur une application de rencontre, cherchant à se connecter à d'autres personnes plus qu'à les rencontrer. Elle reçoit de nombreuses propositions, mais garde ses distances. Elle raconte à une amie qu'elle ne comptait plus le nombre de photos de pénis qui patientaient tranquillement dans sa boîte de réception. Néanmoins, tout cela était particulièrement grisant. Elle se remettait sur le marché, pensait-elle avec humour. Elle se disait qu'elle tomberait peut-être sur quelqu'un qui lui conviendrait. Ou, à défaut, avec qui elle pourrait s'amuser un minimum.

Il faut dire que Ludivine n'était pas très active sexuellement, et cela lui convenait parfaitement. Elle ne s'imaginait pas *coucher* sans émotion, n'en voyait pas l'intérêt. Ses amis la charriaient, déclamaient sa pudibonderie. Mais elle n'en avait cure. Elle n'était pas prude. Elle n'avait juste pas envie.

Un soir, Ludivine décide de trier les messages reçus sur l'application. Elle les ouvre les uns après les autres, avec un certain détachement : des photos de nu, des introductions obscènes (« chch 1 bonne salop pour suce »), des textes bourrés de fautes d'orthographe, des messages vides… Et, coincé entre deux pénis, au milieu de cette compilation désarmante, un message gentil, d'un type qui semblait propre sur lui-même.

Bonjour Ludivine,
Je viens de tomber sur ton profil et je me suis dit : tiens, on a pas mal de choses en commun. J'imagine que tu reçois beaucoup de sollicitations sur l'appli. Donc, je vais essayer de ne pas être lourd. Je me permets d'entamer la conversation, en espérant sortir du flot de tes messages. Je m'appelle Alexandre. Enchanté !

Elle hésite un instant. Puis décide de répondre sur le même ton.

Bonjour Alexandre,
Merci pour ton message. Enchantée également.

Une heure plus tard, elle reçoit un message de ce nouveau correspondant. En cliquant sur la notification qui apparaît sur son smartphone, elle ressent déjà une légère excitation.

Je suis ravi d'avoir une réponse de ta part !
Sur cette appli, on trouve vraiment tout et rien. C'est triste mais c'est comme ça. Je n'y crois pas tellement, mais je me dis que peut-être je trouverai l'amour ici. On ne sait jamais.
Comment vas-tu ? Que fais-tu dans la vie ?

La conversation se poursuit une petite semaine avant qu'Alexandre ne propose à Ludivine d'aller boire un verre. Quand elle arrive au café, elle tombe des nues. Elle est d'abord hypnotisée par son physique athlétique. Elle apprendra plus tard que son mode de vie est on ne peut plus sain, rythmé par des calculs permanents d'apports en protéines et de limitation de la consommation de glucides. Quand elle s'assoit devant lui, elle sent son visage rosir. Elle fuit son regard perçant. Elle est sous le charme de son sourire, qu'elle juge ravageur. Elle n'est pas amoureuse, évidemment, mais se laisse porter par l'imagination. Oui, il a l'air d'être un mec bien, et oui, elle s'imagine très bien à son bras. Elle n'ose pas se l'avouer mais elle se pense bien moins belle que lui. Elle se dit qu'elle a une chance inouïe et qu'elle ne veut pas manquer une telle occasion. En fin de soirée, elle lui propose de la rejoindre dans son studio. Elle pense que ce type est certes beau, mais qu'elle déchantera forcément au lit. Personne n'est aussi *parfait*. Mais elle se trompe : le corps de son amant est sculpté comme une statue grecque – plus de protéines, moins de glucides – et le sexe est si intense qu'elle se laisse à penser, durant l'acte, qu'elle n'y a jamais pris autant de plaisir.

Ce jeu érotique se poursuit les jours suivants. Elle se découvre un penchant, ou tout au moins une fascination, pour la violence mesurée. Et, peu à peu, Alexandre semble laisser fructifier ses propres envies. Mots salaces, insultants, gifles de plus en plus fortes, simulation d'un étranglement... Elle déniche quelque chose de fondamentalement sexuel dans l'idée du danger, jusqu'à se laisser attacher à son sommier à l'aide de menottes résistantes. Elle se surprend à songer à *Cinquante nuances de Grey*, se dit qu'elle devrait peut-être le lire, tout compte fait. Elle sait aussi que la sexualité est une zone d'ombre infinie. La violence physique peut être excitante, tant qu'elle reste sous les draps.

Elle s'amuse beaucoup et chérit l'application. Mais Alexandre est plus collant que jamais. Chaque jour, Ludivine reçoit une vingtaine de messages de sa part. La quantité dépasse la cinquantaine quand elle ne répond pas assez vite à son goût. Tout s'enchaîne très vite. Le cycle est toujours le même : le jeune homme passe chez elle quatre fois par semaine pour faire l'amour, puis il rentre chez lui. Au bout de deux semaines, après quelques heures torrides, il plonge ses yeux dans les siens, l'embrasse tendrement et lui chuchote à l'oreille : « Je sais que c'est trop tôt. Mais j'ai envie de te dire *je t'aime.* » Ludivine est décontenancée. C'est là, probablement, qu'elle comprend que quelque chose ne tourne pas rond. Et elle n'a pas tort.

« Tu es si belle, j'ai tellement peur de te perdre. »

Alexandre est un psychopathe. Il utilise son physique pour attirer ses proies, puis joue l'amoureux transi pour provoquer l'empathie de ses victimes et les garder enfermées dans une *cage émotionnelle*. Il n'a nullement l'intention de les faire entrer dans sa vie, qu'il juge exemplaire à plus d'un titre. Et il ne donnera rien d'autre que ce qu'il peut provoquer. Dire « je t'aime » n'est pas un problème. Dire « tu es si belle » est facile. Emprisonner les autres dans sa toile de prince charmant est exaltant. Mais ses victimes n'obtiendront rien d'autre.

Ludivine se met à l'interroger : pourquoi ne suis-je toujours pas venue chez toi ? Pourquoi n'ai-je rencontré aucun de tes amis ? Et Alexandre se défausse le plus élégamment possible : « Mon appartement n'est pas encore aménagé, je souhaite te le montrer quand il sera parfait. L'occasion ne s'est pas présentée, mais ça viendra, ne t'inquiète pas. » Et quand il sent que la jeune femme se questionne et fait un pas en arrière, il attaque en jouant le martyr. « Tu sais, ce n'est pas évident, pour moi, une nouvelle relation. J'ai beaucoup souffert. Mes deux ex-copines m'ont trompé. Il m'a fallu du temps pour m'en remettre et je pense, même si je ne suis bien sûr pas un expert, que je me protège d'une certaine manière. »

Quand l'argument ne fonctionne plus, il cherche d'autres angles d'attaque : « Mes parents sont à Paris ce week-end. Tu ne veux pas les rencontrer, n'est-ce pas ? Ils vont rester chez moi, je ne peux donc pas t'inviter. » Et si l'excuse est déjà trop usitée, il creuse du côté de la santé : « Mon père a fait un arrêt cardiaque. Je me rends à l'hôpital. Désolé. Je t'appelle quand j'ai un petit moment. »

Dans ses messages, chacun de ses arguments est enrobé d'une attitude de victime. Car Alexandre a bien compris que, pour se sortir d'une inextricable situation, il faut stimuler chez l'autre deux choses qui lui manquent fondamentalement : la conscience et la culpabilité. Et il sait les activer à la perfection : « Mais tu ne m'as jamais dit "je t'aime". Mais je ne comprends pas ce que tu veux de moi, tu ne me fais pas confiance. Mais je fais tout pour être bienveillant. Mais c'est compliqué, là, j'ai des problèmes au travail. Mais il faut de la patience, ça prendra du temps de recoller les morceaux. Mais bien sûr que je veux t'inviter chez moi, pourquoi penses-tu l'inverse ?

Mais je tiens tant à toi, je nous imagine un bel avenir ensemble. Mais tu es si belle, si belle, j'ai tellement peur de te perdre. »

Ludivine est perplexe. Le sexe est formidable. Cet homme est doux, gentil, semble sincère. Quelque chose cloche, pourtant. Et elle ne sait pas quoi. Elle lui propose un rendez-vous pour discuter en face-à-face.

Il faut que nous parlions avec sincérité, Alexandre. Il faut que je comprenne réellement ce que tu veux et ce que je veux.

Pas de réponse. Trois jours après, elle lui renvoie un message pour vérifier s'il va bien.

Oui, désolé de ne pas avoir répondu plus tôt. Mes parents étaient là ce week-end, mon père était fatigué. J'ai passé beaucoup de temps avec ma mère, je pense que ça lui a fait du bien. Elle n'est plus toute jeune, ce n'est pas toujours évident pour elle.

J'espère que tu vas bien. Quand pouvons-nous nous voir ?

Je peux venir ce soir chez toi ?

Non, pas chez moi, dans un bar.

Pourquoi pas chez toi ? J'aime aller chez toi.

Car je ne veux pas coucher avec toi une nouvelle fois. Je veux qu'on se voie pour discuter.

Pas de réponse. Cette fois, Ludivine ne relance plus. Une semaine après, elle retente :

Bonjour Alexandre. Quand es-tu disponible cette semaine pour que l'on se voie ?

Coucou, Ludivine. Tu me manques ! Peut-être jeudi ? On peut aller chez toi et se faire livrer un repas ?

Pas chez moi. Dans un bar. Jeudi. Parfait.

La veille, elle lui envoie de nouveau un message.

Toujours bon pour toi demain ? 19 heures, cela te convient ?

Il s'excusera trois jours plus tard.

> Désolé, avec l'annonce du confinement nous avons eu une cellule de crise au boulot qui a duré toute la soirée. Là, je viens de rentrer. On bosse tout le temps. Cela ne m'arrange pas tellement, car mes parents sont là et j'aurais aimé profiter un peu d'eux. Mais bon, on est confinés, on n'y peut rien.

Ludivine lui demande à nouveau une explication.

> Appelle-moi quand tu peux pour qu'on discute. Je ne comprends pas ce qui se passe. Pourquoi n'ai-je pas le droit de venir chez toi ? Tu as une femme, des enfants ? Ça donne l'impression que tu as une double vie, et je me suis déjà assez pris la tête avec tout ça. J'ai besoin de réponses, voir si on a un avenir potentiel ensemble. Appelle-moi s'il te plaît.

Un an a passé. Alexandre n'a jamais rappelé. Il a disparu des ondes quelque temps, mais a refait surface brutalement, renvoyant des messages empreints de tendresse, comme s'il ne s'était rien passé. Devant l'absence de réaction de la jeune femme, il l'a accusée d'avoir voulu saboter cette relation et a affirmé la pardonner et vouloir réparer les pots cassés. Mais Ludivine a pris de la distance. Chaque vendredi, quand elle reçoit un message de sa part, elle le lit avec un petit rictus. Parfois, elle répond. D'autres fois, elle l'ignore. Elle ne comprend toujours pas ce que cet homme attend d'elle, mais plus elle reçoit des nouvelles de sa part, plus elle se détache. Elle se protège.

ZOOM SUR...

Le mensonge pathologique au cœur de notre société ?

Ce qu'il y a de surprenant, dans les récits de psychopathes, c'est cette tendance à se dissimuler derrière un paquet de mensonges, qui se constitue comme un socle à la construction d'une identité – partiellement utopique, ou idéalisée. Le mensonge pathologique sert la manipulation de manière consciente, mais a également un autre rôle, cette fois inconscient : ce rapport à l'identité, aux valeurs d'une personne, à ses objectifs personnels, à tout ce qui fait de lui, en somme, un être humain dans sa complexité, est nécessairement remis en question. De ce point de vue, le psychopathe n'est pas tant un acteur qui trompe son entourage, mais un être perdu dans ses propres ambiguïtés – proclamer une relation exclusive quand on cumule en secret les relations amoureuses, s'oublier dans d'émouvantes déclarations d'amour quand, à l'inverse, on est incapable de partager avec l'autre... Cette ambiguïté repose sur l'incapacité (totale ou partielle) du sujet à différencier le vrai du faux : quand on s'enferme dans le mensonge, on a une tendance à y croire soi-même.

Le clivage entre mensonge et vérité est au cœur de notre conception, en tant qu'être social, de la communauté. Disons-le autrement : le mensonge, dans l'acceptation commune, est jugé comme néfaste, à l'encontre du code moral traditionnel, et c'est peut-être cela qui nous pousse à juger si durement les personnes atteintes du trouble antisocial. « Le mensonge volontaire, intentionnel, qui utilise la tromperie à des fins d'intérêt personnel, est jugé moralement répréhensible, explique la philosophe Michèle Bertrand[49]. On peut le considérer comme une conduite perverse et manipulatrice. Cela implique toute forme d'escroquerie matérielle ou intellectuelle, la publicité mensongère, ou encore les mensonges d'hommes politiques. Reprenant une formulation kantienne, nous dirons que le menteur traite autrui comme un moyen et non comme une fin, et ce faisant il met hors-jeu le respect de la personne humaine. Plus grave est la propension à mentir relevant d'une contrainte intérieure, d'une nécessité impérieuse qui outrepasse la volonté et la raison. Le mensonge compulsif, l'affabulation, la mythomanie sont les signes d'atteintes narcissiques graves et de modalités de défense plus archaïques. »

49. Michèle Bertrand, « Mensonge pathologique et clivage du moi : une question d'identité », *Revue française de psychanalyse*, 2015/1, vol. 79.

PROFIL N° 11

Le criminel multirécidiviste

Diagnostic – Checklist-Revised

Quels sont les traits principaux de ce psychopathe ?

- ☑ Besoin de stimulation et propension à l'ennui
- ☑ Duperie et manipulation
- ☑ Absence de remords ou de culpabilité
- ☑ Insensibilité et absence d'empathie
- ☑ Parasitisme
- ☑ Faible maîtrise de soi
- ☑ Promiscuité sexuelle
- ☑ Problèmes de comportement précoces
- ☑ Impulsivité
- ☑ Irresponsabilité
- ☑ Incapacité à accepter la responsabilité de ses actes
- ☑ Nombreuses liaisons à court terme
- ☑ Délinquance juvénile
- ☑ Violation de la liberté conditionnelle
- ☑ Diversité des types de délits commis

En venir à bout

- ☑ Fuir immédiatement
- ☑ Ne pas être seul avec lui
- ☑ Ne pas le mettre en colère
- ☑ Ne jamais partager de stupéfiants avec lui
- ☑ Ne pas le prendre en pitié
- ☑ Se méfier de ses histoires
- ☑ Refuser de l'accompagner
- ☑ Si besoin, prévenir immédiatement la police

卌 卌 卌

LE PLAN QUI TOURNE MAL

Les violences faites aux femmes sont une réalité plus qu'actuelle, que rappelle chaque année le 25 novembre, journée internationale pour l'élimination de la violence à l'égard des femmes. En France, au moins 94 000 femmes sont, chaque année, victimes de viol ou de tentative de viol. Dans plus de 90 % des cas, ces agressions sont perpétrées par une personne connue de la victime, et dans 47 % par le conjoint ou l'ex-conjoint[50].

Les chiffres sont désarmants. En 2019, 146 femmes ont été tuées par leur partenaire ou ex-partenaire (contre 27 hommes) dans l'Hexagone, dont 41 % étaient victimes de violences antérieures de la part de leur compagnon[51]. Ajoutons à cela le nombre important de femmes victimes de violences physiques et/ou sexuelles commises par leur conjoint ou ex-conjoint.

Bien évidemment, ces actes n'ont pas nécessairement été commis par des psychopathes et, là encore, les données manquent pour parvenir à établir un ratio représentatif de personnes atteintes de ce trouble qui sont également des criminels. Et qu'en est-il des criminels strictement sexuels ?

50. Enquête VIRAGE, INED, 2016.

51. Étude nationale sur les morts violentes au sein du couple, 2019, ministère de l'Intérieur, Délégation aux victimes.

Les études semblent indiquer qu'ils peuvent, pour la majorité d'entre eux, être considérés comme des psychopathes, mais tout dépend de la grille d'analyse[52]. À titre de comparaison, on estime que 20 % des détenus seraient psychopathes[53] ; impossible pour autant d'en tirer des chiffres clairs.

Chacun de nous peut rencontrer, sur un coup de malchance, un séducteur meurtrier prêt à nous dépecer pour son simple plaisir. C'est ce qu'a vécu la jeune Laëtitia en 2011, une tragédie qui a fait s'ébouillanter les médias de l'époque[54].

Laëtitia a 18 ans quand elle rencontre Tony. Elle travaille alors comme apprentie dans un hôtel situé à 50 kilomètres de Nantes. Elle est jeune, mais a déjà vécu un important lot d'épreuves. Avec sa sœur jumelle Jessica, elle a grandi dans une famille compliquée : à 5 ans, elles voient leur père condamné à la prison pour viol et tentative de viol sur leur mère, qui présente elle-même des troubles psychiatriques. À 13 ans, elles sont prises en charge par une famille d'accueil, les Patron. Mais au bout d'un an, Jessica subit les

52. Jean Proulx et Nadège Sauvêtre, « Meurtriers sexuels et violeurs : aspects psychopathologiques », dans Jean Proulx, Maurice Cusson, Éric Beauregard, Alexandre Nicole (dir.), *Les Meurtriers sexuels*, Les Presses de l'Université de Montréal, Montréal, 2008.

53. Martha Stout, *op. cit.* Ces chiffres concernent uniquement le milieu carcéral aux États-Unis. L'autrice cite sur ce point les recherches de différents spécialistes, et notamment celles menées par Robert Hare. Elles doivent donc être mises en relation avec les données nationales et recontextualisées en fonction du/des pays ou de l'aire étudiée.

54. Ce récit est construit à partir d'articles de journaux sur l'affaire et le procès du meurtrier, notamment Catherine Fournier, « Procès Meilhon : l'itinéraire tragique de Laëtitia, “fragile” et “réservée” », francetvinfo.fr, 2013 (consulté en décembre 2020) et du livre d'Ivan Jablonka, *Laëtitia ou la fin des hommes*, Seuil, Paris, 2016.

agressions sexuelles de Gilles Patron – une relation consentie, se justifiera-t-il quatre ans plus tard lors de son procès, à l'issue duquel il sera condamné à huit ans de prison. Le procès n'a pu établir le viol de Laëtitia, mais les doutes demeurent.

Pour les deux jeunes femmes, la vie est loin d'être un long fleuve tranquille. Elles se construisent tant bien que mal. Laëtitia souffre de troubles psychologiques ; elle rédige des lettres testamentaires, qui révèlent des intentions de suicide. Dans la vie, c'est une personne calme, réservée. Elle ne sort pas ou peu, elle ne boit pas, ne se drogue pas. Elle rêve de quitter la famille Patron, fantasme sur une vie à Tahiti. En attendant, elle prépare un CAP de serveuse et travaille dans l'hôtel-restaurant de La Bernerie-en-Retz, une commune alors de moins de 3 000 habitants. Mais le métier n'est pas facile : ses supérieurs la jugent immature et trop fragile. Elle a encore des efforts à fournir pour devenir une véritable professionnelle.

Ce jour de janvier, Laëtitia quitte son premier service à l'hôtel à 15 heures. Elle rejoint un ami, qui l'emmène faire un tour en voiture. Elle couche avec lui. Elle se promène sur la plage et y rencontre Tony, un trentenaire à la mine patibulaire. Ensemble, ils fument un joint, puis boivent un verre dans un bar de la ville avant de retourner à l'hôtel : Laëtitia y reprend le travail à 18 heures 30. Mais ils programment déjà la fin de son service : Tony viendra la chercher et ils profiteront de la soirée. Ils se seraient embrassés et enlacés avant qu'elle ne le quitte pour rejoindre le restaurant.

À 21 heures, l'un des collègues de la jeune femme achève son service et part en voiture. Il est pris en chasse par Tony, qui le force à s'arrêter, persuadé que Laëtitia est dans la voiture. Elle sort finalement une heure plus tard. Tony l'emmène dans plusieurs bars, et là, tout déraille. Elle aurait refusé les avances de Tony, qui serait alors devenu violent. Peu de temps après, dans la nuit, elle envoie un message à l'un de ses amis pour lui dire qu'elle vient de se faire violer. Tous deux retournent alors à l'hôtel vers 1 heure du matin. Laëtitia est en colère. Elle va prendre son scooter pour rentrer chez elle. C'est alors que Tony se décide.

Entre les mains d'un psychopathe

Laëtitia ne le sait pas, mais Tony a déjà un gros bagage de délinquant derrière lui. Il est condamné à la réclusion dès son adolescence, la première d'une quinzaine d'incarcérations, pour un total de quatorze années de détention avant sa rencontre avec la jeune femme. Il a participé à des braquages, des vols à main armée, des trafics de stupéfiants, le viol d'un codétenu. Il est remarqué par sa violence, condamné pour outrage à magistrat. Depuis très jeune, il consomme de l'alcool, du cannabis, de la cocaïne.

Il sait que Laëtitia peut porter plainte pour viol et ne veut pas risquer d'être à nouveau derrière les barreaux.

Ce fameux jour de janvier, peu après 1 heure du matin, il retrouve Laëtitia. Elle est sur son scooter en route vers la maison. Il la percute avec sa voiture alors qu'elle n'est plus qu'à quelques mètres de chez elle. Il l'enferme dans le coffre de sa 106, l'amène dans un bois, l'étrangle, la poignarde plus de quarante fois, la démembre et jette son corps dans deux étangs de la région.

Il est arrêté quelques jours plus tard. Le diagnostic des psychiatres est sans appel : Tony Meilhon est un psychopathe.

À la barre, il ne montre pas d'émotions, il est impassible. Son entourage insiste sur sa violence et son impulsivité. Il nie en partie les faits qui lui sont reprochés – le viol, en particulier – change plusieurs fois de version des faits. Dans sa cellule, les gendarmes l'entendent chanter : « Oh, Laëtitia, qu'est-ce que t'étais bonne, je me suis pas ennuyé, oh la la, ton petit corps, ça vaut trente ans de prison. [...] Oh, Laëtitia, la gendarmerie n'a rien pu faire pour toi[55]. » L'homme est condamné à la prison à perpétuité.

ZOOM SUR...

Une affaire d'État

L'histoire aurait pu s'arrêter ainsi, mais elle a alors pris une dimension politique et sociale. « L'affaire a soulevé une énorme émotion dans tout le pays. Critiquant le suivi judiciaire du meurtrier, le président de la République, Nicolas Sarkozy, a mis en cause les juges auxquels il a promis des "sanctions" en réponse à leurs "fautes". Ses propos ont déclenché un mouvement de grève inédit dans l'histoire de la magistrature[56]. »

L'affaire a inspiré la biographie politique écrite par l'historien Ivan Jablonka, ainsi qu'une mini-série diffusée à la télévision en 2020. « Ce fait divers est exceptionnel à tous les égards – par l'onde de choc qu'il a soulevée, par son écho médiatique et politique, par l'importance des moyens mis en œuvre pour retrouver le corps, par les douze semaines que ces recherches ont duré, par l'intervention du président de la République, par la grève des magistrats. Ce n'est pas une simple affaire : c'est une affaire d'État[57]. »

---

55. Ondine Millot, « Tony Meilhon, celui à qui on ne pouvait pas dire non », *Libération*, 26 octobre 2015.

56. Ivan Jablonka, *op. cit.*

57. *Ibid.*

6

Y a-t-il un psychopathe dans la famille ?

PROFIL N° 12

Le menteur pathologique (1)

Diagnostic – Checklist-Revised

Quels sont les traits principaux de ce psychopathe ?

- ☑ Loquacité et charme superficiel
- ☑ Besoin de stimulation et propension à l'ennui
- ☑ Tendance au mensonge pathologique
- ☑ Duperie et manipulation
- ☑ Absence de remords ou de culpabilité
- ☑ Affect superficiel
- ☑ Insensibilité et absence d'empathie
- ☑ Parasitisme
- ☑ Promiscuité sexuelle
- ☑ Problèmes de comportement précoces
- ☑ Absence d'objectifs réalistes à long terme
- ☑ Impulsivité
- ☑ Irresponsabilité
- ☑ Incapacité à accepter la responsabilité de ses actes
- ☑ Nombreuses liaisons à court terme
- ☑ Délinquance juvénile
- ☑ Diversité des types de délits commis

En venir à bout

- ☑ Appliquer la « règle des trois[58] »
- ☑ Ne pas le prendre en pitié
- ☑ Ne pas assumer la responsabilité de ses actes
- ☑ Ne pas lui donner d'argent
- ☑ Ne pas culpabiliser
- ☑ Ne pas croire en ses histoires, particulièrement les farfelues
- ☑ Ne pas lui donner de seconde chance

58. Lire en page 32.

QUAND LE MASQUE TOMBE : LE POINT DE VUE DE LA VICTIME

« Je lis la première ligne du mail et je sens mon cœur se retourner. J'essaie de reprendre ma respiration, mais je n'ai plus d'air. Il faut que je respire. Et il faut que je calme ce bébé qui hurle. Ce que je lis doit avoir une explication logique. Ce doit être un malentendu. Dès que je pourrai parler à mon mari, j'aurai une explication et tout reviendra à la normale[59]. »

Dans A *Beautiful Terrible Thing*, Jennifer Waite raconte son horrible découverte : celle de la liaison de son mari Marco avec une autre femme, mais surtout celle de sa double vie, alors qu'ils commençaient à fonder une famille ensemble. Quand le masque commence à tomber, après cinq ans de vie amoureuse, la jeune mère comprend que son mari a construit de toutes pièces ce personnage sensible, tendre et à l'écoute qu'elle croyait connaître. Et les révélations commencent à pleuvoir : Marco est un psychopathe et ses rapports avec Jennifer, stimulés par des mensonges à répétition, sont construits tel un château de cartes. Six ans plus tard, l'autrice a accepté de partager son expérience avec nous[60].

---

59. Jen Waite, A *Beautiful, Terrible Thing. A Memoir of Marriage and Betrayal*, Plume, New York, 2017 (traduction de l'auteur).

60. L'interview a été réalisée en janvier 2021 (traduction de l'auteur).

Jennifer, pouvez-vous nous raconter ce qui s'est passé ?

Peu après la naissance de mon premier enfant, j'ai trouvé un mail de mon mari envoyé à un agent immobilier qui faisait référence à un appartement qu'il avait regardé avec sa « petite amie ». C'étaient seulement quelques semaines après que j'ai donné naissance à ma fille, j'étais donc encore complètement dans les vapes, dans la lune, avec quelques problèmes post-partum aussi, et je me souviens juste avoir pensé « pourquoi est-ce qu'il m'appelle sa petite amie plutôt que sa femme ? » J'ai alors compris que nous n'avions pas du tout cherché à acheter un appartement, j'étais vraiment perplexe.

Il ne m'est pas venu à l'esprit, à ce moment, que mon mari avait en fait une petite amie avec laquelle il cherchait à acheter un appartement – je pensais qu'il devait me manquer une information, ou que c'était juste une sorte de blague... N'importe quoi, mais pas ce qui s'est avéré être réellement. Mon mari a menti durant des semaines, disant que c'était un malentendu, disant qu'il n'aurait jamais eu de liaison, et il a reporté son attention sur sa santé – quand je l'ai confronté avec le mail, il m'a expliqué qu'il était gravement malade depuis des mois, mais n'avait rien dit pour ne pas me stresser durant la grossesse. Un bon mois s'est écoulé où j'ai vraiment pensé que j'allais devenir folle – je voulais vraiment croire les mensonges de mon mari, mais je savais au fond de moi que quelque chose ne collait pas. Le fait que j'étais une jeune mère et que je galérais avec un nouveau-né n'a pas aidé. Je me demande parfois s'il voulait que je découvre tout cela au moment où j'étais le plus vulnérable, comme pour me faire tomber de plus haut. Il s'est avéré qu'il avait une petite amie, qu'il vivait une autre vie que je ne soupçonnais même pas, et qu'il était une personne complètement différente de ce que je pensais. Il ne m'a jamais dit cela directement. Il ne pouvait rien admettre. J'ai fini par tout reconstituer.

À quel moment avez-vous compris que quelque chose ne tournait pas rond avec Marco ?

Quand j'ai trouvé le mail, j'ai essayé de me dire que ce ne pouvait pas être ce que cela signifiait, mais j'ai immédiatement eu des douleurs à l'estomac. Puis, quand j'ai appelé mon mari au travail et qu'il a couru à la maison pour « s'expliquer », son comportement a changé brutalement à l'instant où il a passé la porte. C'était comme s'il savait qu'il avait été pris sur le fait et qu'il avait décidé de « faire tomber le masque », comme s'il marchait en étant un homme mort ; c'est la meilleure façon de le décrire. Il n'avait pas cette étincelle dans les yeux, pas de vie en lui quand il m'a regardée, et je me souviens juste avoir ressenti tellement de panique – c'était comme si son âme avait disparu de son corps. Et quand il m'a dit qu'il était extrêmement malade (pour détourner mon attention du mail), j'ai su que quelque chose n'allait vraiment, mais vraiment pas.

Et c'était quoi ?

Il n'a jamais été authentique, ou tout au moins il ne m'a jamais dit la vérité. Il a menti à propos de sa petite amie, de sa liaison, de la recherche d'appartement, jusqu'à ce que je retourne à la maison avec ma famille. Il a changé de photo sur son profil Facebook, pour une photo de lui et sa petite amie, mais jusqu'à ce moment-là, il me disait encore qu'il ne m'avait jamais trompée ou qu'il n'avait jamais fait quoi que ce soit de mal, et qu'il était seulement « malade ». Il nous a même dit, à mes parents et à moi, qu'il allait se suicider, plutôt que de révéler la vérité. Cependant, je pense vraiment que, d'une certaine manière, il croyait en ces deux réalités – ou qu'il était juste physiquement et psychologiquement incapable d'être honnête avec lui-même. Son désir d'être une victime et de « gagner » (qu'importe ce que cela signifiait pour lui – je pense que ne pas être le sale type, pour lui, était une victoire) l'emportait sur tout le reste.

Qu'avez-vous ressenti ?

J'étais sous le choc et dans le déni pour un bon moment. J'ai vraiment essayé d'ignorer mes douleurs d'estomac et de croire mon mari, que tout cela n'était qu'un malentendu. Mais à un certain point, j'ai dû écouter mon instinct et mon cerveau, et commencer à creuser pour comprendre ce qui se passait vraiment. Alors, je me suis sentie déchirée. Comme s'il me manquait une partie de moi et que je ne m'en remettrais jamais. J'ai fini par ressentir beaucoup de colère et, à ce moment-là, je me suis sentie beaucoup mieux. Plus je faisais de recherches sur la psychopathie, plus j'étais en mesure de trouver des solutions pour moi-même. Et maintenant, je ne ressens plus cela ! Je suis seulement reconnaissante de mener la vie que je mène désormais. J'éprouve peut-être un léger « malaise » quand je pense à lui.

Quels comportements psychopathiques avez-vous pu remarquer chez Marco ?

Le mensonge pathologique, gros ou petit, à propos de tout ; par exemple, pendant toute cette période, il a continué de poster des photos de lions rugissants sur Instagram, qui devaient le représenter. Il y a aussi l'absence de remords : quand je me creusais la tête pour comprendre sa liaison et ses mensonges, je ne pouvais plus allaiter à cause du stress, j'ai juste arrêté de produire du lait, et il a parlé de moi comme de sa « femme mélodramatique » à un ami commun qui, bien sûr, me l'a répété plus tard. C'est aussi lié à un manque total d'empathie et, avec le recul, son mode de vie parasitaire est limpide – essentiellement, il passe d'un hôte à un autre. Ma famille a investi pour l'aider à ouvrir un restaurant à New York, et il a reçu sa *green card*[61] grâce à notre mariage ; c'est-à-dire qu'il a aspiré ce dont il avait besoin dans notre relation avant qu'il soit prêt à me rejeter. Et puis, bien sûr, il y a la tromperie. Et le plus gros, c'est qu'il inversait les choses quand on lui signifiait son mauvais comportement, comme me dire qu'il était malade quand je l'ai confronté avec le mail, ou me dire que sa grand-mère était morte quand nous sortions ensemble les premières fois, alors que la vérité, c'est qu'il vivait encore avec son ex-petite amie (elle n'était pas vraiment son ex, j'allais le découvrir). C'est ce qu'on appelle jouer la pitié.

61. La *green card* est une carte de résident aux États-Unis, qui permet aux personnes n'ayant pas la nationalité de s'installer et de travailler sur le sol américain sans avoir besoin de visa.

Quel a été le moment le plus significatif, pour vous, dans cette histoire ?

Je dirais que c'est quand j'ai vraiment eu le déclic, quand j'ai compris qu'il avait un trouble de la personnalité et qu'il n'était pas la personne que j'imaginais : il était un mirage, la personne que je voulais qu'il soit. Ça m'a libérée. J'étais capable de mettre un terme à cette relation, mais en faisant un gros travail intérieur, en découvrant mes propres insécurités et vulnérabilités, les raisons pour lesquelles j'étais attirée par quelqu'un comme lui, et comment je pouvais me reconstruire pour devenir une personne plus forte, plus « authentique ».

Pourquoi avoir écrit ce livre ?

Je me suis juste posée, il fallait que j'écrive. Ça a commencé comme une façon de canaliser mon chagrin et de comprendre ce qui s'était passé. Puis, en trois mois, j'ai écrit cette biographie en entier. Comme je l'écrivais presque en temps réel, c'est devenu une sorte de thriller psychologique, car je reconstituais mon passé, en identifiant ce qui était vrai et ce qui ne l'était pas, tout en essayant de faire mon chemin dans ce processus de deuil. Quand je l'ai fait lire à plusieurs autres personnes, ils m'ont dit qu'ils n'avaient pas pu le refermer, qu'il se lit de façon compulsive, du fait, je pense, de l'urgence dans laquelle il a été écrit. Donc j'ai pensé : « Hé, il y a vraiment quelque chose, là. » Pour être honnête, je l'ai écrit pour moi, mais je suis contente qu'il puisse aussi aider les autres.

Marco a-t-il encore des contacts avec vous ou avec votre fille ?

Non, il a complètement disparu, et en ce qui me concerne, c'est pour le mieux. Mais je suis honnête avec ma fille (en un sens, un enfant de 6 ans peut comprendre) sur le fait que son père biologique n'était pas apte à être parent, qu'il avait beaucoup de mal à prendre de bonnes décisions pour lui-même, et que c'est la raison pour laquelle je suis son unique parent (pour l'instant).

Cela fait six ans que vous avez découvert le vrai visage de Marco. Comment allez-vous aujourd'hui ?

Je vais super bien ! Indépendamment de la pandémie mondiale et de l'état du monde, bien sûr. Depuis, j'ai écrit un autre roman, un thriller, et je travaille aujourd'hui sur mon troisième livre. Ma fille a 6 ans, et c'est la personne la plus incroyable sur Terre. J'ai passé quelques années à me reconstruire, car j'avais l'impression que ma vie était complètement brisée. Je n'ai pas eu de relations amoureuses durant une longue période, mais maintenant, je vais vraiment super bien, et c'est agréable.

Avez-vous des conseils pour identifier si son conjoint est un psychopathe ?

Je pense que beaucoup de personnes croient que les psychopathes et les sociopathes sont ces individus effrayants et facilement identifiables qui se battent et tuent des gens à gauche et à droite. Mais la majorité d'entre eux sont, extérieurement, des personnes très charmantes, très sympas. Des gens avec lesquels on aime être. Ça devient vite intense, mais vous sentez au fond de vous que quelque chose cloche. Ils vous bombardent d'amour en vous couvrant d'attentions et d'adulation, mais vous les surprenez à mentir ou à avoir un mauvais comportement, et à la fin de la conversation, vous vous sentez désolé pour eux, ou vous vous excusez auprès d'eux pour quelque chose qui n'a aucun rapport. Ils n'ont pas beaucoup ni de très longues relations sociales et amicales. Ils ont un passé « sombre » – par exemple, mon ex-mari s'est fait virer de nombreuses écoles avant d'être envoyé à l'école militaire, il s'est libéré de sa famille et est venu aux États-Unis à 18 ans. Tout semblait très romantique quand il me racontait ses histoires, mais avec le recul, je vois que, dès son adolescence, il montrait déjà des signes de troubles de la personnalité.

Comment s'en défendre ?

Les narcissiques, les sociopathes et les psychopathes sont très intelligents et manipulateurs, mais ils ont besoin de trouver un moyen de vous manipuler. Si vous avez des barrières solides, vous repousserez ce type de personnes, car elles sentiront qu'elles ne peuvent pas vous escroquer. C'est plus facile à dire qu'à faire, mais si vous percevez que votre relation ressemble à des montagnes russes, ou que quelque chose cloche chez cette personne, mais que vous n'arrivez pas à obtenir de réponse claire de sa part, et qu'à la place il vous couvre d'amour, interrompez tout de suite cette connerie et partez. Ce n'est pas réel. C'était ma plus grosse erreur – j'étais tellement déterminée à vivre une idylle que j'ai accepté une vie qui n'était pas réelle. Aujourd'hui, ma vie est facile, et peut-être parfois prévisible et ennuyeuse, mais elle est réelle, et c'est profondément satisfaisant.

PROFIL N° 13

Le menteur pathologique (2)

Diagnostic – Checklist-Revised

Quels sont les traits principaux de ce psychopathe ?

- ☑ Loquacité et charme superficiel
- ☑ Besoin de stimulation et propension à l'ennui
- ☑ Tendance au mensonge pathologique
- ☑ Duperie et manipulation
- ☑ Absence de remords ou de culpabilité
- ☑ Affect superficiel
- ☑ Insensibilité et absence d'empathie
- ☑ Parasitisme
- ☑ Promiscuité sexuelle
- ☑ Problèmes de comportement précoces
- ☑ Absence d'objectifs réalistes à long terme
- ☑ Impulsivité
- ☑ Irresponsabilité
- ☑ Incapacité à accepter la responsabilité de ses actes
- ☑ Nombreuses liaisons à court terme
- ☑ Délinquance juvénile
- ☑ Diversité des types de délits commis

En venir à bout

- ☑ Appliquer la « règle des trois[62] »
- ☑ Ne pas le prendre en pitié
- ☑ Ne pas assumer la responsabilité de ses actes
- ☑ Ne pas lui donner d'argent
- ☑ Ne pas culpabiliser
- ☑ Ne pas croire en ses histoires, particulièrement les farfelues
- ☑ Ne pas lui donner de seconde chance

62. Lire en page 32.

卌 卌 卌

LE BIGAME

Vous êtes-vous déjà demandé si votre conjoint vivait une autre vie ? S'il était marié avec un ou une autre, ou s'il avait des enfants à travers le monde ? Et s'il menait une double vie ? Voire une triple vie ? Voire plus encore ? Non, bien évidemment, personne ne se pose cette question. Dans une majorité de sociétés dans le monde, où les mariages sont d'amour et plus seulement le résultat d'un contrat privé, on estime que l'*autre*, celui qu'on choisit et qui nous choisit, place en nous une profonde confiance qui repose sur l'affect et sur les sentiments. Cette confiance est censée être inaliénable, sans limites et réciproque. Celles et ceux qui ont vécu une infidélité connaissent le sujet : doit-on (peut-on) faire confiance à sa moitié quand elle a virevolté vers d'autres contrées ? Comment la restaurer ? Le vouloir suffit-il ?

Chaque couple a sa propre histoire, faite de petits mensonges, de jardins secrets, de confidences incroyables sur le creux de l'oreiller. Quelle est la limite entre garder un mystère protecteur et tromper son conjoint ? Est-ce au moment de coucher avec un ou une autre ? Au moment de l'embrasser ? Ou avoir seulement des pensées érotiques suffit-il à se désavouer ?

Imaginez-vous maintenant découvrir que votre conjoint entretient une liaison. Cela fait deux ans, cinq ans, dix ans ou peut-être plus que vous êtes en couple. Vous êtes profondément amoureux. Vous avez des enfants. Vous vivez sous le même toit, partagez vos lectures, vos films, vos passions. Et un beau jour, vous suspectez qu'il a mené une double vie durant tout ce temps. Et si vous lui posez la question, il vous offre une raison valable, logique, de penser que tout est faux, qu'il ne vous a jamais trompé. C'est le *doute raisonnable*. Il vous explique en détail ce qui s'est passé, il vous rassure, affirme qu'il vous aime passionnément, que vous êtes tout pour lui, qu'il n'irait jamais voir ailleurs, qu'il n'a pas d'autres enfants que les vôtres, qu'il n'a aucun intérêt à vous perdre. Et en effet, quel intérêt ? Pourquoi mentirait-il ? Quel profit pourrait-il bien tirer de cette affaire ? Vous avez confiance en lui et passez l'éponge.

Toutes ces questions, Mary a pu se les poser durant ses six années de relation avec son mari. Et la chute fut vertigineuse[63].

Tout commence à la fin de l'année 2000 quand Mary Turner Thomson, écossaise, échange avec un Américain sur un réseau social de rencontre. Il s'appelle Will Turner. Mary a 35 ans, elle est mère célibataire d'un enfant de 9 mois. Lui est stérile, mais adore les enfants. Le contact passe immédiatement. Ils échangent des messages durant deux semaines, apprennent à se connaître, découvrent ce qu'ils aiment dans la vie, comment chacun envisage son avenir, ce qu'ils cherchent dans une relation amoureuse. Leur rencontre confirme leur attirance l'un pour l'autre.

---

63. Ce récit est basé sur l'autobiographie de Mary Turner Thompson, *The True Story of a Husband's Ultimal Betrayal*, Little A, Seattle, 2020 (2008 pour l'édition originale, traduction de l'auteur pour les citations).

C'est un homme doux, gentil, affectueux. Il est intelligent, cultivé. Son regard seul fait fondre Mary qui éprouve rapidement des sentiments à son égard. Et entre eux, tout va très vite. Leur relation est idyllique, hormis le fait que Will disparaisse parfois d'un jour à l'autre. Il manque des rendez-vous, et ce malgré ses messages rassurants (« j'arrive », « je suis sur la route », « je suis là bientôt »). Mary commence à prendre l'habitude. Peu à peu, elle le soupçonne de mener une double vie. Et il y a cette femme, Michelle, qu'elle suspecte être en couple avec lui. Will la rassure immédiatement : Michelle est une couverture, explique-t-il. Il est en réalité un agent secret de la CIA, un emploi qui l'oblige à garder secrète une partie de sa vie et de ses déplacements. C'est pourquoi il lui arrive de disparaître de la circulation, parfois des jours entiers. Les enfants de Michelle ne sont évidemment pas les siens. C'est difficile, mais il aime réellement son métier qui lui donne le sentiment d'être utile.

Mary s'explique alors les quelques incohérences du récit de vie de son conjoint. Elle est dans la confidence, désormais, mais ne peut en parler à personne ; cela risquerait d'anéantir sa couverture et les mettrait tous deux en danger. Quoiqu'un peu effrayée, Mary est rassurée.

Quelques mois après leur rencontre, le couple décide de se marier. C'est à ce moment que Mary découvre avec surprise qu'elle est enceinte de lui. Will est aux anges ; il pensait cela impossible. Mais le mois suivant, il disparaît en mission de reconnaissance en Israël et en Palestine, explique-t-il. Il affirme tout faire pour assister à l'accouchement, mais il ne rencontrera le bébé que trois mois après sa naissance. En octobre 2002, ils se passent la bague au doigt. Ils sont officiellement une famille. Mary est heureuse.

Les questions d'argent reviennent souvent dans leur relation : Will a besoin de monnaie pour se libérer de l'emprise de la CIA. Il monte une affaire, y investit l'argent, demande des virements à Mary. Il promet que tout s'arrangera bientôt, mais qu'en attendant, ils doivent faire au mieux.

« Je suis l'autre Mme Jordan. »

C'est en juin 2004 que Mary commence vraiment à percevoir les anomalies : elle découvre une alliance et le certificat de mariage de Will et Michelle. Elle a un doute, mais son époux la rassure de nouveau, il s'agit d'un faux, d'une couverture, elle n'a pas à s'inquiéter outre mesure. C'est à ce moment également que les problèmes d'argent commencent : Will demande à son épouse de lui avancer d'importantes sommes qu'il remboursera au plus vite, rassure-t-il. Elle liquide son compte bancaire, vend son appartement, demande de l'argent à sa famille... Durant cette même période, Will affirme qu'ils doivent tous deux faire attention, ne pas attirer le regard, rester secrets : ils sont tous deux en danger et pourraient se faire kidnapper et torturer. Il amène même illégalement un taser dans la maison pour que Mary puisse se protéger au besoin. Elle est particulièrement stressée, avec deux enfants à charge. Au total, elle lui verse plus de 200 000 livres[64]. Mais Mary reste fidèle. Elle veut croire en son mari. Leur deuxième enfant naît en 2005 ; Will fera sa connaissance un mois après l'accouchement.

Un peu plus d'un an après, tout s'accélère. Will prévient Mary qu'elle va être contactée par la police : il est accusé

64. Presque 300 000 euros correspondant au taux de change de 2005 (avant le Brexit).

de bigamie, de viol sur mineur et de fraude. Mais tout cela est faux, la rassure-t-il à nouveau, c'est une couverture et un malentendu que la CIA va régler. Tout va très vite. Mary est en contact permanent avec son époux, elle essaie de le soutenir. Elle est dans l'impossibilité de remettre en question son honnêteté : ce serait s'avouer que ces cinq dernières années de tendresse n'ont pas existé.

Et pourtant. En avril, elle reçoit un appel téléphonique. De l'autre côté du combiné, une femme parle. « Je suis l'autre Mme Jordan[65]. » En un rien de temps, tout s'effondre.

Mary commence son enquête. Elle parvient à joindre les anciennes compagnes de Will. Elle découvre qu'il se faisait appeler Bill. Il est marié à au moins trois femmes et a eu de multiples aventures. Sa recherche révèle qu'il a au bas mot 13 enfants dans le monde. Il n'est pas un agent de la CIA. Il a déjà été emprisonné pour fraude. Il a volé un nombre impressionnant de personnes. Et il a bien eu des relations sexuelles avec une mineure : il est donc pédophile.

Où l'argent s'est-il envolé ? Mary ne le saura jamais. Mais elle est ruinée, avec deux enfants à charge. Émotionnellement, elle est brisée. Est-elle seulement mariée, au regard de la loi ? Elle se rend au procès de Will et l'observe sur le banc d'accusé.

> « Il se leva, scrutant pour voir qui était là, et bien qu'on m'ait dit de ne pas le regarder, je devais le faire ; je devais savoir ce que ses yeux me diraient. L'homme qui se tenait là a regardé dans notre direction. Il était vide, complètement vide. Il nous regardait

65. Mary Turner Thomson, *op. cit.*

toutes les trois – Alice, Anna et moi. Du froid. Pas d'émotion. Du vide. C'était un regard vide et dur qui dura une éternité, mais sans rien derrière[66]. »

Will/Bill est condamné à cinq ans de prison, une période durant laquelle il contactera à nouveau Mary à de multiples reprises pour lui rappeler son amour, sa foi en elle. Depuis, l'Irlandaise a tourné la page ; elle a publié plusieurs ouvrages, dont deux sur la psychopathie. Elle est devenue une autrice à succès, conférencière, coach et directrice de sa propre maison d'édition. Une belle revanche.

ZOOM SUR…

La diversité des types de délits commis

Ce qui est frappant, dans l'histoire de Will/Bill, c'est sa capacité à se noyer dans le mensonge et, par ce moyen, à cumuler les moyens de pression sur ses victimes pour obtenir d'elles différentes faveurs : le sexe, certes, mais aussi l'argent, des biens matériels, une forme de protection au regard de la loi, *etc*. Cet ensemble peut être lu différemment et se raccroche à l'échelle de Hare : ce n'est autre que la diversité des types de délits commis. Mais pour quelle raison ? Qu'est-ce qui motive un être humain à cumuler délits et crimes, à cumuler donc les risques d'être pris sur le fait ? Comment Will/Bill a-t-il pu inventer autant de machinations sans savoir qu'il finirait un jour ou l'autre sur le banc des accusés ?

Cette réalité repose en fait sur des traits psychologiques identifiés par Robert Hare :

— le besoin de stimulation et la propension à l'ennui qui poussent l'individu à se dépasser lui-même. Se défier de la

66. *Ibid.*

police et de la justice devient un jeu, et la satisfaction de s'en tirer indemne, plus encore à de multiples reprises, est particulièrement stimulante ;

— l'impulsivité, stimulée par l'irresponsabilité et l'incapacité à accepter la responsabilité de ses actes, joue un rôle moteur dans ces situations : défait de vos peurs, vous foncez plus volontiers dans des aventures délictueuses où le défi est finalement l'objectif premier.

PROFIL N° 14

Le sadique sans limites

Diagnostic – Checklist-Revised

Quels sont les traits principaux de ce psychopathe ?

- ☑ Surestimation de soi
- ☑ Besoin de stimulation et propension à l'ennui
- ☑ Tendance au mensonge pathologique
- ☑ Duperie et manipulation
- ☑ Absence de remords ou de culpabilité
- ☑ Affect superficiel
- ☑ Insensibilité et absence d'empathie
- ☑ Faible maîtrise de soi
- ☑ Problèmes de comportement précoces
- ☑ Irresponsabilité
- ☑ Incapacité à accepter la responsabilité de ses actes
- ☑ Délinquance juvénile

En venir à bout

- ☑ Ne pas excuser son attitude
- ☑ Ne pas culpabiliser
- ☑ Ne pas entrer dans une relation privilégiée avec lui
- ☑ Éviter toute relation de proximité si possible
- ☑ Ne jamais entrer dans son jeu
- ☑ Ne jamais accepter ses défis
- ☑ Ne jamais partager de substances désinhibantes avec lui
- ☑ Ne pas jouer avec lui

卌 卌 卌

MON FILS, CE MONSTRE SADIQUE

Les spécialistes sont tous d'accord sur la question : non, on ne peut pas diagnostiquer la psychopathie chez les enfants. La Haute Autorité de Santé a statué sur ce point : « Il existe aujourd'hui un consensus sur le fait que s'agissant d'un trouble de la personnalité, on ne peut pas parler de psychopathie avant l'âge adulte[67]. »

Si le diagnostic est impossible, certains traits sont néanmoins identifiables. Jeanne en a fait les frais[68]. Son fils naît peu avant les années 2000. Il grandit à Huy, en Belgique. C'est un enfant compliqué ; il est colérique, jaloux de son frère. Ses relations sont difficiles avec son père, qu'il juge violent. Il se définit comme le vilain petit canard de la famille, malgré un lien très fusionnel avec Jeanne. Mais ce n'est encore qu'un enfant. Il trouve du réconfort auprès de son meilleur ami, Valentin, qui a un an de moins que lui et se sent lui aussi rejeté par son père.

---

67. Haute Autorité de Santé, « Prise en charge de la psychopathie », audition publique des 15 et 16 décembre 2005, Paris (ministère de la Santé et des Solidarités), rapport d'orientation, mai 2006.

68. Ce récit a été construit à partir de différents articles de presse et comptes rendus du procès, en particulier Laurence Wauters, « La mise à mort de Valentin racontée par Alexandre Hart : "Il a commencé à pleurer, il ne voulait pas se masturber donc on a continué à le menacer" », sudinfo.be, 2019 (consulté en septembre 2020).

C'est au tout début de l'adolescence qu'elle remarque réellement son comportement erratique. On lui diagnostique des troubles antisociaux. C'est à cette époque, explique Jeanne, qu'un événement va marquer durablement ce bouleversement psychologique[69].

Un beau jour, elle lui demande, ainsi qu'à son frère, de préparer l'établi et la tronçonneuse pour réaliser quelques travaux. Elle entend un hurlement : la chaîne a lâché et s'est abattue sur le visage du frère d'Alexandre. Il est défiguré. C'est le déclic.

Le temps passe. Alexandre est renfermé. Il commet des actes de violence ; il tue un chat et garde les ossements dans sa chambre. Deux ans après, il tombe dans la drogue et l'alcool.

Puis il se met en couple avec une jeune femme, Bélinda. Elle est folle amoureuse d'Alexandre mais ses parents sont d'un autre avis : ils imposent à leur fille de rompre toute relation avec cet homme dont ils se méfient. Bélinda quitte brutalement le foyer, et Jeanne leur déniche un studio pour éviter que la jeune femme se retrouve à la rue. Mais la vie de couple n'est pas de tout repos : les deux jeunes se disputent, parfois violemment, et Bélinda met fin à leur relation. Alexandre retourne alors chez sa mère, qui refuse de le loger. Son fils est drogué, violent. Il prend un neuroleptique pour lutter contre ses états d'agressivité. Mais cela ne suffit pas. Elle le pousse à trouver son propre appartement, à se prendre en charge.

---

69. « Devoir d'enquête : Meurtre entre amis – Tuée pour 10 euros », émission présentée par Malika Attar, diffusé en 2018 sur www.rtbf.be (consulté en septembre 2020).

Six heures de torture

Entre-temps, la relation entre Alexandre et son meilleur ami a évolué. Valentin est timide, parfois en retrait. Sa naïveté est une porte grande ouverte au sadisme de son ami. « J'aimais être avec Valentin, expliquera-t-il. Je me sentais supérieur à lui[70]. »

Un beau jour, Alexandre décide d'attacher son ami, dans le studio, et de le dépouiller. Une deuxième fois, il s'amusera à le bombarder avec une carabine à plomb à air comprimé. Pour le père adoptif de Valentin, c'est déjà allé trop loin : l'homme et son fils se rendent à la police pour porter plainte contre le fils de Jeanne. Alexandre se défendra auprès de sa mère : Valentin est *trop* gentil, je veux seulement l'endurcir. Mais le jeune homme n'oubliera pas la plainte.

Un an plus tard, c'est le drame. Valentin vient d'avoir 18 ans. Il est en route pour une visite de famille, passe voir son ami. Dans la bande, ils sont cinq. Il y a Alexandre, Bélinda et trois autres garçons. Ils trinquent, boivent, fument du cannabis, la soirée commence. Ils décident de jouer à « Action ou vérité » mais évitent les vérités, bien moins drôles. Les défis commencent et sont dirigés à l'encontre de Valentin. Il doit fumer un joint entier, ou boire son verre cul sec. Et peu à peu, le jeu dérive : il doit se masturber devant ses amis. Quand il refuse, on le menace avec un couteau. La scène se répète deux fois. Le groupe commence alors à lui envoyer des coups de poing et de pied au visage, dans les côtes, dans le dos. Alexandre observe la scène avec fascination.

---

70. *Ibid.*

Valentin est menotté. Le groupe le pousse à s'enfoncer une bouteille dans l'anus, lacère ses bras et ses jambes à l'aide d'un rasoir. Alexandre écrase ses parties génitales avec le pied. L'humiliation laisse place à la douleur et à la peur. Valentin perd souvent connaissance, le groupe le réveille alors en lui brûlant les jambes, le visage et les parties génitales avec un briquet tempête. Ils le forcent aussi à avaler de la nourriture mélangée à de la cendre.

Vers 2 heures du matin, ils le traînent finalement hors de l'appartement, jusqu'à un parking et le rouent de coups. « Tu m'as dénoncé », hurle Alexandre à son martyr. Il tente de s'enfuir en claudiquant, mais est rattrapé par le groupe. Et maintenant, la question : que faisons-nous de lui ? La torture a déjà duré six heures. Devant leur victime, ils évoquent la possibilité de sa mort. Alexandre, le chef de meute, est pour. Bélinda aussi. Les autres sont plus mitigés. Le couple traîne alors Valentin, menotté dans le dos, au bord de la Meuse. Ils font semblant de le jeter dans l'eau pour l'effrayer. Mais la deuxième tentative est la bonne : Valentin s'enfonce dans le fleuve et s'y noie. Qui l'a poussé ? On ne le saura pas.

Alexandre et Bélinda reviennent au studio, nettoient, jettent le drap ensanglanté, repeignent les murs ; Alexandre y dessine alors un smiley souriant. Mais l'un des garçons de la bande craque et se dénonce à la police. Trois semaines après les faits, les cinq jeunes sont arrêtés par la police. Jeanne est désemparée, tout lui échappe. Elle s'enferme un mois chez elle, elle pense à la mort. « Je savais que quelque chose n'allait pas, il éprouvait toujours de la rage, il était souvent en colère[71]. »

71. *Ibid.*

Du fond de sa cellule, Alexandre écrit des lettres affectueuses et remplies de culpabilité à ses proches. En attendant le procès, Jeanne lui rend fréquemment visite, mais leurs rencontres ne se passent pas bien : son fils lui reproche la mort de Valentin. Elle aurait dû l'accueillir chez elle quand il lui a demandé de l'aide, c'est de sa faute. Jeanne ne comprend pas. Elle a dû rater quelque chose dans son éducation, pense-t-elle.

Au procès, le diagnostic tombe : Alexandre présente de forts traits psychopathiques et sadiques. Les psychiatres sont surpris de son absence d'émotions, de son regard fixe, de sa voix monocorde. Et les séances révèlent un être froid, insensible. Il raconte en détail les heures de torture, sans ciller. Il a parfois un sourire en coin.

Alexandre et Bélinda sont condamnés à perpétuité. Les trois autres garçons, entre 25 et 29 ans. Jeanne, quant à elle, essaie toujours de comprendre. Son fils est-il un monstre ? Est-il seulement malade ? Aurait-elle pu le voir ? Et au fond, que s'est-il réellement passé dans sa tête ce soir-là ?

ZOOM SUR...

Quand la politique s'en mêle

Peut-on diagnostiquer la psychopathie chez un enfant ? Nombreux sont les professionnels de santé qui se sont penchés sur la question. Et la sphère politique s'est investie du sujet, de manière à forcer une sécurisation arbitraire dès le plus jeune âge. En 2006, la Haute Autorité de Santé, soutenue par Nicolas Sarkozy (alors ministre de l'Intérieur du gouvernement Villepin) a commandé à Nicole Maestracci, magistrate française, de mener cette réflexion aux côtés de différents spécialistes[72].

La réponse des psychiatres est alors sans appel : non, on ne peut pas émettre ce diagnostic sur un enfant, car les éventuels traits psychopathiques décelables dès le plus jeune âge peuvent évoluer. Ce déterminisme pousserait la société à catégoriser les enfants, notamment grâce à un « carnet de comportement », les enfermant dans des cases prédéfinies desquelles il est difficile de s'extraire sans impact psychologique.

72. Lire notamment Cécile Prieur, « Des experts favorables à un repérage précoce des troubles du comportement », *Le Monde*, 22 juin 2006. Les conclusions de cette enquête sont accessibles sur le site de la Haute Autorité de Santé : has-sante.fr

PROFIL N° 15

Le persécuteur

Diagnostic – Checklist-Revised

Quels sont les traits principaux de ce psychopathe ?

- ☑ Loquacité et charme superficiel
- ☑ Surestimation de soi
- ☑ Besoin de stimulation et propension à l'ennui
- ☑ Tendance au mensonge pathologique
- ☑ Duperie et manipulation
- ☑ Absence de remords ou de culpabilité
- ☑ Affect superficiel
- ☑ Insensibilité et absence d'empathie
- ☑ Parasitisme
- ☑ Faible maîtrise de soi
- ☑ Promiscuité sexuelle
- ☑ Problèmes de comportement précoces
- ☑ Absence d'objectifs réalistes à long terme
- ☑ Impulsivité
- ☑ Irresponsabilité
- ☑ Incapacité à accepter la responsabilité de ses actes
- ☑ Nombreuses liaisons à court terme
- ☑ Diversité des types de délits commis

En venir à bout

- ☑ Fuir dès que possible
- ☑ Ne pas entrer dans son jeu
- ☑ Ne pas culpabiliser
- ☑ Ne pas prendre la responsabilité de ses actes
- ☑ Ne pas justifier ni excuser ses comportements
- ☑ Parler aux autres de ses comportements
- ☑ S'entourer
- ☑ Ne pas essayer de régler son trouble

𝍸 𝍸 𝍸

MAMAN EST UNE PSYCHOPATHE

Sadique, manipulateur, maniaque du contrôle, habitué au mensonge pathologique… Les individus qui présentent ce type de caractère font trembler la plupart d'entre nous, et nous croisons les doigts pour ne jamais être l'objet de leurs attaques. Mais imaginez une seconde que cette femme ou cet homme ait un enfant. Comment l'éduquerait-il ? Quelles règles morales lui enseignerait-il ? Le ferait-il seulement ? Ne serait-il pas obnubilé par le contrôle de l'enfant ? *Tu es à moi, à moi uniquement, tu n'obéiras qu'à moi et je façonnerai de mes mains l'être que tu seras, et tu ne pourras rien faire pour te départir de cette identité. Parce que tu seras toujours à moi.*

Imaginez maintenant que votre propre mère, ou père, celle ou celui qui vous éduque, n'est autre que ce psychopathe. Imaginez ce que vous auriez pu vivre durant votre enfance, votre jeunesse, votre adolescence. Imaginez ce que vous seriez aujourd'hui. Reproduiriez-vous ses comportements, ou au contraire tenteriez-vous de vous en éloigner ?

Ce n'est qu'au tout début de l'adolescence qu'Olivia a réellement compris que sa mère avait quelque chose d'*anormal*, qu'elle était touchée par un trouble qui la dépassait. Ce qu'elle prenait, petite, pour des « humeurs » se révélait en fait un besoin permanent et extraordinaire de contrôle. Et cette prise de conscience a bouleversé la jeune femme, alors en pleine construction identitaire et questionnement existentiel. Elle n'a pu mettre un nom sur le trouble psychologique de sa mère qu'à 22 ans, après avoir entrepris un important travail de distanciation. C'est l'histoire de Joséphine, épouse de Clive, un homme réservé, fille d'un couple de Français. Son récit pourrait bien relater son enfance difficile, où elle expérimente déjà le plaisir de la cruauté, ou un peu plus tard, à l'adolescence, alors qu'elle couche avec une multitude d'hommes, au grand dam de ses parents. Nous pourrions nous arrêter sur sa fuite du foyer familial, à 17 ans, et sa disparition complète durant plusieurs années, son installation en Angleterre en quête de nouvelles stimulations, ou sa façon de pousser Clive à abandonner son épouse pour se mettre en couple avec elle...

Mais Joséphine tombe enceinte. Et dès la naissance de l'enfant, elle exercera sur sa petite Olivia des tactiques de torture émotionnelle et physique, et ce durant une vingtaine d'années. C'est l'histoire de Joséphine, mais aussi celle d'Olivia[73].

> « Toute ma vie on m'avait dit que j'étais une horrible fille, une truie, une menteuse qui causait de la peine à toutes les personnes qu'elle connaissait. Aucun homme ne m'aimerait jamais car j'étais trop grande, trop grosse, trop maigre, trop exigeante, trop faible. Quand je me regardais dans le miroir, je me détestais. »[74]

Ces mots-là, Olivia les a entendus depuis toute petite. Durant toute sa jeunesse, avant de parvenir à s'émanciper

73. Cette histoire est racontée dans l'autobiographie d'Olivia Rayne, *My Mother the Psychopath*, London, Penguin, 2019.

74. *Ibid.* (traduction de l'auteur)

du foyer, elle a vécu l'impulsivité de sa mère, qui a poussé la petite famille à déménager successivement en Martinique, en Angleterre, en Allemagne et à Monaco avant ses 16 ans, reprendre à zéro à chaque fois, parce que sa mère s'y ennuyait très rapidement. Olivia a subi ses brutaux changements d'humeur, passant d'un amour passionnel, protecteur, *maternel*, à des attaques pernicieuses et souvent inattendues, l'enfermant une nuit entière dans la salle de bains pour avoir trop pleuré, ou parce qu'elle avait malencontreusement écrasé des fraises alors qu'elle les ramassait pour faire plaisir à celle qui se définissait comme « *the best fucking mother in the world*[75] ». Durant ces moments d'emprisonnement, Olivia devait réfléchir à ce qu'elle avait mal fait, avant de s'excuser des heures auprès de sa mère pour son attitude irresponsable.

Joséphine s'est emparée de son époux et de sa propre fille. Elle a progressivement brisé leurs liens avec sa belle-famille, a démantelé les relations amoureuses d'Olivia – qu'elle avait elle-même provoquées – quand elles devenaient trop intenses à son goût, observait de près son cercle d'amis, s'emparait de son téléphone mobile pour répondre aux messages à sa place et sans son approbation.

Elle punissait Olivia et la faisait culpabiliser quand elle était trop heureuse, par exemple quand elle revenait d'un camp de vacances au Canada, insistant sur sa démarche d'abandon, sur le fait qu'elle-même souffrait de problèmes de santé, qu'elle ne s'intéressait pas à sa famille, que sa grand-mère qui allait lui rendre visite serait choquée de ne pas

---

75. « La meilleure putain de mère dans le monde ». L'expression n'est pas complètement traduisible car le *fucking*, un adjectif très usité en anglais, ne porte pas nécessairement la valeur négative qu'on lui attribue souvent en langue française.

voir sa petit-fille. Elle lui laissait des mots dans sa *lunchbox* du midi, lui disant qu'elle devrait manger moins, réduisait ses rations drastiquement, pour lui faire perdre du poids.

Maman était devenue une source de terreur. Il fallait tout faire pour ne pas la mettre en colère, tout faire pour qu'elle n'ôte pas ce masque séduisant, ce masque grâce auquel tout le monde la trouvait formidable, intelligente, charismatique. Un modèle à part entière.

Mais le masque dissimulait la froideur, la cruauté, le plaisir de la manipulation. Plusieurs moments critiques ont bouleversé la jeune fille. Parmi eux, une scène incroyable, digne d'un film d'horreur[76].

« Petite bourgeoise de merde »

Olivia a 14 ans. C'est un samedi. Elle revient d'une journée chez une amie. Elle est fière de prendre le train seule, pour la première fois, et veut montrer à sa mère qu'elle est une personne responsable : elle sera à l'heure pour le dîner, à 19 heures. Mais Olivia a quinze minutes de retard. Les reproches pleuvent dès qu'elle passe le pas de la porte : « Mets la table, puis dis à ton père que le dîner est prêt. Il est probablement raté maintenant, nous avons attendu si longtemps. »

Malgré les excuses de sa fille, Joséphine ne veut rien entendre. Pourtant, Olivia résiste. Cette fois, elle ne se laissera pas faire, elle se défendra, elle est forte.

---

76. La scène suivante est racontée en détail dans son livre. Les citations en sont extraites (traduction de l'auteur).

Après le dîner, la tempête se déploie : « Je n'en peux plus de ton attitude. Parce que tu as 14 ans, tu penses être une grande ? Tu penses que tu sais tout mieux que moi ? [...] Espèce de vache stupide ! Espèce de grosse vache stupide ! [...] J'ai survécu pour toi. J'ai tout fait pour toi, et c'est cette personne que tu deviens ? [...] Tu ne mérites pas de vivre ! Tu n'es pas ma fille ! Tu es une déception, un désastre ! Tu es sans intérêt ! [...] Espèce de salope ! »

Mais Olivia résiste. Elle a le cœur serré. Elle retient ses larmes. Elle tente de bloquer ses émotions. Et Joséphine le perçoit. À chaque attaque, Olivia limite ses réactions. Mais sa mère la coince finalement contre l'évier et tente de lui ouvrir la bouche pour y glisser du savon. Impossible de crier à l'aide. « Putain, qu'est-ce que tu m'as dit ? On va te laver la bouche, petite bourgeoise de merde. » Mais Olivia résiste encore. Sa mère lui donne une gifle, Olivia réplique. C'est la première fois qu'elle lève la main sur sa mère. Celle-ci l'attrape par les cheveux, la fait tomber par terre, la saisit par le cou. La fille se démène, tente de se défendre, rampe sur le carrelage et s'enfuit de la maison, le goût du sang et du savon dans la bouche. Elle reste toute une nuit à l'extérieur, essayant de dormir dans des toilettes publiques, réveillée en sursaut par des cauchemars sur sa mère. À la fin de la journée suivante, elle retourne finalement à la maison ; elle a faim, elle a froid, elle est fatiguée. Mais la porte est fermée à clé. Elle toque. Son père lui répond qu'elle doit d'abord s'excuser auprès de sa mère. Elle n'aura d'autre choix que de s'exécuter, versera des larmes, suppliera ses parents de lui ouvrir, et sera finalement isolée dans sa chambre jusqu'au lendemain matin.

Olivia commence son émancipation à 17 ans, quand elle est envoyée par ses parents étudier à l'étranger. Elle continue d'être harcelée par sa mère, qui exige d'être appelée chaque jour. Elle reçoit des missives odieuses, des mails de reproches qui pleuvent, après lesquels la jeune femme se voit s'excuser pour son attitude, pour ne pas avoir montré assez de reconnaissance ou d'intérêt pour sa mère. À distance, Joséphine intervient dans ses relations amoureuses et tente de les dicter ; elle sait s'attaquer à l'univers professionnel d'Olivia, réussit à l'empêcher de trouver un travail de serveuse pour garder la mainmise sur elle. Elle use de l'aspect financier pour s'assurer un contrôle complet sur sa fille.

Et, à 22 ans, Olivia comprend. Elle découvre la définition du *psychopathe*. Elle est entourée d'amis et de collègues qui la soutiennent. Elle explique froidement à sa mère qu'elle ne veut plus de relation avec elle, qu'elle ne veut plus l'avoir dans sa vie.

Tout aurait pu s'arrêter là. Mais Joséphine redouble ses attaques. Elle envoie à sa fille des mails odieux de manière incessante : « Chère Olivia. Tu es une sale petite truie perverse, malade, pathétique, solitaire et pleurnicharde, et je n'ai plus rien à te dire désormais. L'idée que j'aie un jour été ta mère me remplit de honte et de dégoût, merci d'avoir échoué aussi spectaculairement en tant que fille. Après t'avoir vue en janvier, le bébé auquel j'ai donné naissance, la petite fille avec qui j'ai chanté, je n'ai ressenti aucun amour ni aucun lien de famille pour toi. Pour moi, tu es morte. Maintenant je t'ai enterrée, et c'est comme si ton existence n'avait été qu'un mauvais rêve[77]. »

Les tentatives de manipulation se poursuivent. Olivia reçoit de multiples mails de sa part, de sa propre boîte, de

77. *Ibid.*

celle de son père, de nouveaux comptes créés pour l'occasion. Ses collègues et ses chefs sont également harcelés. Au bureau elle reçoit des photos montrant sa mère en train de brûler des souvenirs d'elle. Joséphine fera également le voyage pour attendre sa fille à la sortie du bureau. En vain. Et l'obsession ne se termine pas : en 2017, alors qu'Olivia trouve un nouveau travail, elle reçoit une semaine après un mail de sa part : « Je t'ai retrouvée[78]. »

Olivia n'est pas son vrai nom. Elle raconte dans son autobiographie à quel point elle ressent encore des sentiments complexes, ambigus à l'égard de sa mère, des sentiments d'amour profond et une défiance complète. J'ai essayé de la contacter à plusieurs reprises, mais sans réponse. Peut-être craint-elle que je ne sois un nouvel avatar de sa mère, ou peut-être la publication de son livre a-t-elle marqué pour elle une *catharsis* qui l'empêche de regarder de nouveau en arrière. C'est probablement l'histoire qui m'a le plus touché à travers mon enquête. Et je souhaite, j'espère, qu'« Olivia » s'est aujourd'hui débarrassée du plus gros de ses démons.

ZOOM SUR...

Les psychopathes aiment-ils leurs enfants ?

À la lecture du récit d'Olivia, chacun est en droit de se poser cette question : Joséphine aimait-elle sa fille ? Et si non, qu'est-ce qui a dirigé ses comportements à l'égard de sa progéniture ? Le sujet est complexe quand on imagine le cerveau d'un psychopathe. Pour autant, dire qu'une personne atteinte d'un trouble antisocial ne ressent pas d'émotion est une incohérence.

78. *Ibid.*

Selon la psychologue Perpetua Neo, le sentiment d'attachement est inexistant chez ces individus. « Cela ne change pas quand ils ont des enfants, explique-t-elle[79]. Il n'y a pas d'instinct primal pour protéger et encourager leur progéniture, parce qu'ils ne sont pas considérés comme une entité distincte. Ils ne sont qu'un outil à leur disposition [...] Plutôt que de dire, "je vais vous nourrir afin que vous puissiez grandir pour être la personne incroyable que vous êtes censé être", les psychopathes penseront : "vous êtes censé grandir pour être mon trophée." »

Ce sentiment, stimulé par la satisfaction de la victoire, expliquerait le besoin de contrôle permanent qu'a le psychopathe sur l'ensemble de ses proches. On comprend mieux ainsi les raisons qui ont poussé Joséphine à se défaire de sa belle-famille, sur laquelle elle ne parvenait pas à avoir la mainmise, isolant par la même occasion ses deux victimes pour les enserrer entre sa poigne.

79. Interview réalisée en 2017 par *Business Insider*, repris sur sciencepost.fr (consulté en février 2021).

卌 卌 卌

LE TEST FINAL

Êtes-vous un psychopathe ?

Les quinze psychopathes de ces récits sont autant de figures qui peuvent peupler votre quotidien. Mais ils ne représentent qu'une infime partie des 1 à 4 % de la société atteints de ce trouble. Et tous ont des comportements différents : plutôt manipulateur, sadique, délinquant, impulsif, ou encore réfléchi, confiant, stratège. Loin de tous constituer les monstres hollywoodiens qui nous exaltent derrière l'écran, à quelques exceptions près, ils sont des êtres humains, comme vous, comme moi, avec des objectifs, des intérêts, des finalités qui n'appartiennent qu'à eux.

À l'issue de la rédaction de cet ouvrage, une question m'a forcément taraudé l'esprit : et si moi-même, sans m'en apercevoir, j'étais un psychopathe ? J'ai observé mes comportements avec un nouveau regard, prêt à dénicher celui qui prouverait que, oui, peut-être que mon amygdale ne fonctionne pas normalement, ou peut-être que mon inconscient bloque un sadisme latent, un besoin maladif de manipulation, une pathologie du mensonge si forte que je ne m'en apercevrais pas moi-même. Et si mon empathie n'était qu'une construction sociale ? Et si j'étais moi-même aux mains de mes propres manipulations ?

Je me suis également inquiété de mon entourage. Certains de mes amis auraient-ils des traits psychopathiques ? Ou des membres de ma famille ? La question est légitime, quand on sait que la majorité des personnes atteintes de ce trouble de la personnalité ne sont pas détectables au premier regard. J'ai donc développé le test suivant, en me basant sur la grille de Robert Hare. Il ne se substitue pas à l'analyse d'un psychiatre, seul moyen aujourd'hui de diagnostiquer ce trouble. Il vous aidera néanmoins à vous positionner sur cette échelle tortueuse qu'est la reconnaissance d'une éventuelle psychopathie. Libre à vous de remplir le questionnaire pour l'une de vos connaissances. Attention néanmoins à ne pas juger trop vite les agissements de vos pairs ; nous avons tous des aspirations qui nous sont propres, et l'expression de cette différence peut s'exprimer dans l'incompréhension des agissements d'autrui. Cela ne signifie pas nécessairement qu'il a tort, ou que c'est un psychopathe.

1. Au bureau ou avec les amis, vous êtes réputé pour :

▲ parler beaucoup et charmer votre entourage.
□ être plutôt discret mais sympathique.
♥ être effacé, on vous oublie souvent.

2. Pour vous, la séduction est :

▲ une seconde nature.
□ un idéal.
♥ une utopie.

3. Vous vous considérez :

□ aussi bien que les autres.
▲ meilleur que les autres.
♥ moins bien que les autres.

4. Quand vous expliquez quelque chose dans un groupe, vous espérez :

▲ les convaincre de se ranger de votre côté.
□ avoir un débat intéressant, y compris avec vos opposants.
♥ vous évitez de parler en groupe, cela vous intimide.

5. Pour vous, le mensonge est :

♥ inacceptable.
□ parfois légitime.
▲ indispensable.

6. Le train-train quotidien :

□ vous satisfait.
▲ vous exaspère.
♥ vous ne vous posez pas la question.

7. Vous vous considérez comme :

▲ impulsif.
♥ excessif.
□ mesuré.

8. Vous percevez les autres comme :

▲ pouvant vous être utiles.
□ des pairs.
♥ des personnes supérieures.

9. Vos proches :

▲ vous sont utiles.
♥ sont votre raison d'être.
□ le sont car vous les aimez.

10. Être en couple :

♥ n'est pas indispensable, mais pourquoi pas ?
□ vous apporte de la satisfaction car vous aimez partager.
▲ vous permet de maintenir un mode de vie qui vous convient pour le moment.

11. Pour obtenir ce que vous désirez :

□ vous travaillez comme un dingue.
♥ vous laissez le temps passer, ça arrivera bien tout seul.
▲ vous usez de toutes les stratégies à votre disposition.

12. Si l'un de vos proches doit faire face à un malheur :

□ vous êtes touché, cela vous rend malheureux.
▲ vous feignez la tristesse.
♥ vous êtes écrasé par la tristesse, incapable de réagir.

13. Si vous faites du mal à l'un de vos proches :

♥ vous sombrez dans la déprime.
□ vous culpabilisez.
▲ vous ne ressentez rien de particulier.

14. Si vous voyez quelqu'un dans la rue avoir un accident :

□ vous détournez les yeux, écœuré.
▲ vous observez la scène, fasciné.
♥ vous vous laissez absorber par la tristesse.

15. Vos émotions pour vos proches sont :

▲ feintes.
□ réelles.
♥ douloureuses.

16. Vous êtes considéré par les autres comme :

▲ quelqu'un de sanguin.
□ quelqu'un de réfléchi.
♥ quelqu'un de timide.

17. Quand quelque chose vous énerve :

□ vous essayez de vous calmer.
▲ vous vous mettez souvent dans une colère noire.
♥ vous pleurez.

18. La sexualité est :

□ quelque chose d'agréable.
♥ sans intérêt.
▲ un moyen de séduire les autres.

19. Durant vos pratiques sexuelles :

▲ vous aimez maîtriser l'autre, vous pourriez aller très loin.
□ vous êtes à l'écoute de l'autre et de vos envies.
♥ vous évitez d'avoir des relations sexuelles.

20. Pour vous, le travail idéal, c'est :

▲ celui d'un dirigeant.
□ un métier qui vous plaît.
♥ il n'existe pas.

21. Vos décisions au quotidien :

♥ sont faibles, vous vous considérez comme passif.
□ sont réfléchies, vous l'espérez.
▲ visent à vous rendre plus puissant.

22. Si quelqu'un vous fait un reproche :

□ vous vous remettez en question.
▲ vous rejetez la faute sur un autre.
♥ vous êtes submergé par la culpabilité.

23. Avoir des enfants :

□ peut être une envie, que vous avez ou non.
▲ peut vous servir.
♥ vous terrifie.

24. Être responsable signifie :

□ être responsable de ses actes.
♥ être responsable des maux du monde.
▲ que la question est erronée.

25. Si vous deviez résumer votre vie amoureuse :

▲ ce n'est pas possible, la liste est beaucoup trop longue.
□ vous avez eu quelques relations sérieuses et plusieurs rencards.
♥ vous n'avez jamais eu de vie amoureuse.

26. Votre casier judiciaire :

▲ est plein à craquer.
□ est vierge.
♥ c'est quoi ?

27. Délits et crimes :

▲ sont légitimes s'ils peuvent vous être utiles sans handicaper votre vie.
□ sont illégaux et à l'encontre de votre code moral.
♥ vous terrifient.

28. Quand vous étiez petit ou adolescent :

▲ vous avez fait les 400 coups, vous étiez une vraie brute.
□ vous étiez sage mais vous vous amusiez autant que possible.
♥ vous ne sortiez pas.

29. La lecture de ce livre vous a :

▲ amusé.
♥ terrifié.
□ autre.

30. Si demain, vous découvriez que l'un de vos proches est un psychopathe :

▲ vous l'observeriez, fasciné, avant de vous demander quel est son intérêt dans cette relation.
□ vous l'observeriez, surpris, avant de vous demander s'il a un intérêt dans cette relation.
♥ vous ne sauriez pas comment réagir et vous enfermeriez dans le mutisme.

Calculez maintenant votre nombre de points, en fonction des critères suivants :

♥ = *5 points*
□ = *10 points*
▲ = *20 points*

Vous avez moins de 200 points :
Vous semblez n'avoir aucun comportement de psychopathe. Pour autant, vous avez une forte tendance à vous sous-estimer, ou vous éprouvez des difficultés à gérer vos émotions, votre sensibilité, créant ainsi un terrain fertile à la manipulation. Faites attention à vous, apprenez à vous protéger. Vous ne méritez pas d'être brisé par quelqu'un.

Vous avez entre 200 et 500 points :
Vous ne semblez pas être un psychopathe, bien que certains de vos comportements puissent être interprétés comme tels. Rassurez-vous : nous sommes tous enhardis par notre *ego*, nous avons tous manipulé au moins une personne dans notre vie, ou joué avec nos attraits pour obtenir ce que nous voulions. Cela n'est pas représentatif : vous êtes simplement humain. Continuez à l'être.

Vous avez plus de 500 points :
Vos comportements peuvent s'apparenter à ceux d'un psychopathe, d'après la grille d'analyse de Robert Hare. Avant toute décision hâtive, vous pouvez demander l'avis d'un professionnel de santé qui saura vous orienter vers le spécialiste adéquat afin d'envisager un test plus poussé.

Composition et mise en pages
Nord Compo à Villeneuve-d'Ascq

Imprimé en France en avril 2021
par Normandie Roto Impression s.a.s.
61250 Lonrai
N° d'impression : 2102032
Dépôt légal : mai 2021
ISBN : 978-2-38015-284-5

Composition et mise en pages
Nord Compo à Villeneuve-d'Ascq

Imprimé en France en avril 2021
par Normandie Roto Impression s.a.s.
61250 Lonrai
N° d'impression : 2102032
Dépôt légal : mai 2021
ISBN : 978-2-38015-284-5